BIBLIOTHÈQUE

ÉDOUARD DETAILLE

M^{es} Ch. DUBOURG & LAIR-DUBREUIL

Commissaires-Priseurs

J. MEYNIAL, Expert

CATALOGUE

DE LA

BIBLIOTHÈQUE

DE M. EDOUARD DETAILLE

VENTE

des 23, 24, 25 et 26 Avril 1913

à quatorze heures précises

Hôtel des Commissaires-Priseurs, RUE DROUOT, 9

SALLE N° 8

Par le Ministère

de Mᵉ Ch. DUBOURG   et de Mᵉ LAIR-DUBREUIL

8, Rue d'Alger   6, Rue Favart, 6

Commissaires-Priseurs

Assisté de M. JULES MEYNIAL, *Libraire*

30, BOULEVARD HAUSSMANN, 30

PARIS

CONDITIONS DE LA VENTE :

La vente se fait au comptant.

Les acquéreurs paieront DIX POUR CENT en sus des enchères.

Les livres devront être collationnés dans les vingt-quatre heures de l'adjudication.

Passé ce délai, ils ne seront repris pour aucune cause.

M. JULES MEYNIAL se réserve la faculté de réunir ou de diviser les numéros du Catalogue. Il remplira les commissions des personnes qui ne pourraient assister à la vente.

BIBLIOTHÈQUE

DE FEU

Edouard DETAILLE

Membre de l'Institut

Président de la Société des Artistes Français

PARIS

JULES MEYNIAL

SUCCESSEUR DE ÉMILE JEAN-FONTAINE

3o, BOULEVARD HAUSSMANN, 3o

ORDRE DES VACATIONS

NOTA

Pour éviter les répétitions dans la rédaction de ce Catalogue, j'ai l'honneur de prévenir MM. les Amateurs que la plupart des reliures portent, au dos, le chiffre de M. Edouard DETAILLE : E. D. entrelacés.

Succession de M. Édouard DETAILLE

CATALOGUE

DE

LETTRES AUTOGRAPHES

DE

BERTRAND (Comte) — **BUGEAUD** (duc d'Isly) — **CAMBRONNE**

DAVOUT (Prince d'Eckmuhl, duc d'Auerstaedt)

DUMAS (Alexandre), etc., etc.

De la **FAMILLE BONAPARTE,** des **GÉNÉRAUX**

et **MARÉCHAUX DE FRANCE,** etc.

Collection de Bulletins de la Grande Armée

et d'Extraits du Moniteur du 20 juin 1812 à 1815

dont la **vente après décès** aura lieu à Paris

Hôtel des Commissaires-Priseurs, rue Drouot, salle nº 8

LE SAMEDI 26 AVRIL 1913

A 2 HEURES

Mᵉ F. LAIR-DUBREUIL	M. Noël CHARAVAY
COMMISSAIRE-PRISEUR	EXPERT EN AUTOGRAPHES
RUE FAVART, 6	RUE DE FURSTENBERG, 3

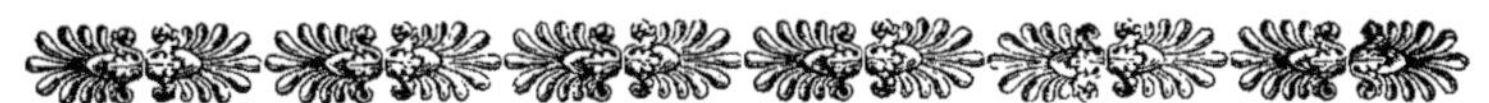

BERTRAND (Henri-Gratien, comte), célèbre général, grand maréchal du palais de Napoléon Ier et son compagnon à Saint-Hélène.

P. a. s., Paris, 29 novembre 1830, 2 p. in-4.

Ordre du jour à la garde nationale de Paris pour la féliciter de son attitude pendant les journées de juillet : « Honneur, Honneur, aux mânes des braves morts glorieusement pour la défense de nos droits naturels, civils et politiques. C'est au prix de leur sang qu'a été fondé le trône de Louis-Phillipe (*sic!*) élevé par la volonté nationale, comme une garantie de nos libertés.

BUGEAUD (Thomas-Robert), duc d'Isly, maréchal de France, un des conquérants de l'Algérie.

1 l. aut. sig. et 3 lettres signées au ministre de la guerre, au général Lamoricière, 1843, 1846, 1847, 20 pages in-folio.

Importantes lettres concernant les mouvements militaires ; il parle d'Abd-el-Kader, du duc d'Aumale et expose sa manière de voir pour la colonisation de l'Algérie.

CAMBRONNE (Pierre-Jacques-Etienne, baron), célèbre général, le héros du dernier épisode de Waterloo.

2 p. a. s., 1820, 2 demi-pages in-4.

DAVOUT (Louis), prince d'Eckmuhl, duc d'Auerstaedt, illustre maréchal d'Empire.

L. s. à Belliard ; Bourges, 30 juillet 1815, 1 p. 1/2 in-4.

Il lui dit qu'il n'est plus ministre de la guerre et qu'il a donné sa démission de commandant de l'armée ; il ne peut donc plus correspondre avec lui. « Toutefois, comme bon français, je vous dirai que toute l'armée s'est ralliée au gouvernement de Louis XVIII et a arboré la cocarde blanche. Les étrangers dont les projets sont de diviser notre malheureuse patrie auraient désiré que l'armée, par sa résistance, leur eût offert un prétexte pour parvenir à leurs fins, mais ils n'en ont plus maintenant ; l'armée est réunie au gouvernement. »

DIVERS. 90 pièces.

> *Decrès, Champagny, Fouché, Faitpoult, marquis de Rivière, Ville-manzy, Truguet, Cambacérès, Bourrienne, Lacrosse, Menneval, baron Louis, etc.*

DUMAS (Alexandre), célèbre général, surnommé par Napoléon Ier l'*Horatius Coclès* du Tyrol, père du romancier.

> L. s. au ministre de la guerre; Paris, 15 floréal an IV, 1 p. 1/2 in-4.

FAMILLE BONAPARTE. 7 pièces.

> Marie-Louise, Louis, Eugène, Caroline, Joseph et Lucien.

GÉNÉRAUX. 300 pièces.

> *Duroc, Andréossy, Bessières, Vandamne, Roger Valhubert, Souham, Saint-Cyr, Nughes, Radet, Pichegru, Petit, Marbot, Mermet, Montholon, Miollis, Lejeune, Lemarois, etc....*

GÉNÉRAUX. 167 pièces.

> *Leveneur, A. et Th. Dillon, Drouot, Duhesme, Mathieu Dumas, Du-mouriez, Damas, Debelle, Dejean, Deprez-Crassier, Duroc, Dupont, etc.*

GÉNÉRAUX. 216 pièces.

> *A. Caulaincourt, Championnet, Eug. Cavaignac, Changarnier, Chanzy, Chevert, Kellermann, Carnot, Friant, Biron, Galliffet, Bertrand, etc....*

GÉNÉRAUX. 143 pièces.

> *Canclanx, Carteaux, Cervoni, Canuel, Ed. Colbert, Bouillé, Belliard, Bedeau, Gassendi, Haxo, Hulin, Kirgener, etc.*

MARÉCHAUX DE FRANCE. 100 pièces environ.

> *Clarke, Berthier, Beurnonville, Grouchy, d'Artagnan, Augereau, Bourmont, Lobau, Reille, Belleisle, Castries, Ney, Soult, Victor, Lefevbre, Gouvion Saint-Cyr, Brune, Bugeaud, Canrobert, Moncey, Marmont, Mac-donald, Jourdan, etc.*

IMPRIMÉS. 40 pièces environ.

> Collections de bulletin de la grande armée et d'extraits du *Moniteur*, du 20 juin 1812 à 1815.

LA ROCHE-SUR-YON. — IMPRIMERIE CENTRALE DE L'OUEST

BELLES-LETTRES

1. ABBEY (Edwin A.). Selections from the poetry of Robert Herrick with Drawings by Edwin A. Abbey. *London,* 1882, in-4, cart. toile, tr. dor.

2. ABBEY (Edwin A.). See Stoops to conquer. A Comedy by Dr Goldsmith with drawings by Edwin A. Abbey. *London,* 1888, in-4, cuir fauve, fers spéciaux, tr. dor.

3. ABBEY (Edwin A.). Old Songs, with Drawings by Edwin A. Abbey and Alfred Parsons. *London,* 1889. — The Quiet life. Certain verses by various hands : the motive set forth in a prologue and epilogue by Austin Dobson. Drawings by Edwin A. Abbey and Alfred Parsons. *London,* 1890. — Ens. 2 vol. in-4, fig., cuir fauve, tr. dor.

4. ALLERS (v. C.-W.). La Bella Napoli. *Stuttgart, s. d.,* in-4, nombr. fig., cart.

5. ALLOM (Thomas). L'Empire chinois illustré d'après des dessins pris sur les lieux, avec les descriptions par Clément Pellé. *Londres, Fisher, s. d.,* 4 tomes en 2 vol. gr. in-8, nomb. planches gr. sur acier, demi-rel. chag. rouge, plats toile, tr. jasp.

6. ANDERSEN (H.-C.). Eventyr af H.-C. Andersen, verdensud
gave illustreret af Hans Tegner, med en karakteristik af H.-C.
Andersen som eventyrforfatter af Georg. Brandes. *Det Nordiske
Forlag, Ernst Bojesen, Kobenhavn,* 1900, 2 vol. in-4, fig., en
livraisons.

7. AUCOC (Léon). L'Institut de France : lois, statuts et règlements
concernant les anciennes Académies et l'Institut de 1635 à
1889. *Paris,* 1889. — L'Institut de France et les anciennes
académies. *Paris,* 1889. — Les Registres de l'Académie française 1672-1793. *Paris,* 1895, 3 vol. — Ens. 5 vol. in-8, 2 demi-
rel. chag. roug. et 3 br.

8. AUMALE (Duc d'). La Bataille de Rocroy. *Paris, Société des
Bibliophiles François,* 1899, in-4, fig. et port., br.

> Ouvrage tiré à 144 exemplaires num., et illustré d'eaux-fortes gra-
> vées en couleurs par Adolphe Lalauze, d'après les aquarelles de
> Alphonse Lalauze.
> Exemplaire num. sur papier vélin, avec les planches en double état,
> avant la lettre en noir et avec la lettre en couleur, portant un envo.
> autog. et une AQUARELLE ORIGINALE de Alphonse LALAUZE.

9. BALZAC (H. de). La Peau de chagrin. Etudes sociales. *Paris,
Delloye et Lecou,* 1838, gr. in-8, fig., demi-rel. mar. rouge, dos
orné, non rogn.

> Premier tirage des illustrations de Gavarni-Baron, Janet-Lange.
> Rousseurs.

10. BALZAC (Honoré de). Histoire de l'Empereur racontée dans
une grange par un vieux soldat. Préface de Henri Houssaye.
Paris, Leclerc, 1904, gr. in-8, fig. de Al. Lalauze, gr. en couleurs par Ad. Lalauze, br.

> Exemplaire sur papier vélin contenant les eaux-fortes dans le texte,
> en couleurs, et le tirage à part des mêmes eaux-fortes, en noir.
> Exemplaire non num., portant sur le faux-titre une dédicace autog.
> de Alphonse Lalauze à Ed. Detaille.

11. BALZAC (H, de). Les Contes drolatiques colligez ez abbayes de
Touraine et mis en lumière par le sieur de Balzac. Cinquiesme

édition illustrée de 425 dessins par Gustave Doré. *Paris, Ez Bureau de la Société Générale de librairie*, 1855, in-8, cart. vélin blanc, tête jasp., non rogn.

> Première édition illustrée par Gust. Doré.

12. BARBEY D'AUREVILLY (J.). Les Diaboliques. *Paris, Dentu*, 1874, in-12, br.

> Édition originale, rare. Bel exemplaire d'une conservation parfaite, non coupé. La couverture porte la mention : deuxième édition.

13. BARTLETT et BEATTIE. La Suisse pittoresque, ornée de vues dessinées spécialement pour cet ouvrage, par W. Bartlett. *Londres, Virtue*, 1836, 2 vol. in-4, nombr. pl. gr. sur acier, demi-rel. veau bleu, dos ornés, non rogn. (*Brigandat*).

> Lég. mouillures à quelques planches.

14. BENTZON (Th.). Jacqueline, illustré par Albert Lynch. *Paris, Boussod, Valadon, s. d.* (1893), in-4, fig., demi-rel. mar. bleu, dos orné, tête dorée, non rogn., couv. cons.

15. BÉQUET (Etienne). Marie, ou le mouchoir bleu. Notice littéraire par Ad. Racot. 6 compositions par de Sta, gr. par Abot. *Paris, Conquet*, 1884, in-12, fig., demi-rel. maroq. bleu, tête dorée, non rogn., couv. cons.

16. BERGERAT (Emile). L'Espagnole. Illustrations de Daniel Vierge, gr. sur bois par Clément Bellanger. *Paris, Conquet*, 1891, pet. in-8, fig., cart. dos et coins de toile, non rogn., couv. ill. cons.

> Exemplaire imprimé sur papier de Chine pour M. Ed. Detaille.

17. BERTALL. La Comédie de notre temps, 2 vol. demi-rel. chag. vert et rouge. — La Vie hors de chez soi. *Paris, Plon*, 1874-1876. Ens. 3 vol. gr. in-8, fig., demi-rel. chag., plats toile, tr. dorées.

18. BIBLIOTHÈQUE RUSSE ET POLONAISE. *Paris, Franck,* 1858-1861, 6 vol. in-18, cart. demi-toile, couv. cons.

> Relation d'un voyage de Pologne fait dans les années 1688 et 1689. — Relation d'un voyage en Moscovie par Mayerberg, 2 vol. — Mes Prisons en Russie, mémoires de J. Gordon. — Mémoires historiques, politiques et militaires sur la Russie depuis 1727 jusqu'à 1744. 2 vol.

19. BORELLI (Vicomte de). Arma.—Rimes d'argent.*Paris,Lemerre,* 1890-1893. Ens. 2 vol. in-8, demi-rel. mar. rouge à long grain, tête rouge, non rogn., couv. cons. (*Franz*).

> Le premier volume est imprimé sur papier du Japon. Envois d'auteur à Edouard Detaille.

20. BOURASSÉ. La Touraine, histoire et monuments, illustrations de Karl Girardet et Français. *Tours, Mame,* 1856, pet. in-folio, front. en couleurs et nomb. fig., maroq. brun, filets, dos orné, fers spéciaux, tr. dorées.

> Premier tirage.

21. BOUTET DE MONVEL. Vieilles chansons et rondes pour les petits enfants, notées avec des accompagnements faciles par Ch. Widor. — Chansons de France pour les petits Français, avec accompagnements de J.-B. Weckerlin. — La Fontaine : Fables choisies pour les enfants et illustrées par Boutet de Monvel. *Paris, Plon, s. d.* — Ens. 3 albums in-4 oblong, fig., cart. toile, fers spéciaux.

22. BRAZIER (N.). Chroniques des petits Théâtres de Paris, depuis leur création jusqu'à ce jour. *Paris, Allardin,* 1837, 2 vol. in-8, demi-rel. mar. grenat à long grain, non rogn. (*Durvand-Thivet*). — Lemercier de Neuville. I Pupazzi. *Paris, Dentu,* 1866, in-12, fig. — Histoire des Délassements-Comiques, par deux habitués de l'endroit. *Paris, Vallée,* 1862. — Hugot. Histoire littéraire du théâtre du Palais-Royal, 1784-1884. *Paris,* 1886. — Le Cirque Franconi, détails historiques sur cet établissement et sur ses principaux écuyers, recueillis par une chambrière en retraite. *Lyon, Perrin,* 1875, in-8, portraits gr. par Fr. Hillemacher. —

Affiches-miniatures des théâtres de Paris (vers 1859), 32 affiches en 8 ff. in-8, montés in-4, cart. — Ens. 6 vol. in-8 et in-12, et 1 plaq. in-4, demi-rel. et cart.

23. BUVARD en maroquin ancien rouge, large dentelle et fleurons d'angles, dos orné (41 cent.×27 cent.).

Aux armes du Pape Pie VI.

24. BUVARD, gr. in-4 (43 cent.×32 cent.), plat recto en peluche marron, orné de fleurs et feuillages de tulipes en laines et soies de diverses couleurs, plat verso en soie brochée grenat, doublure intérieure en soie grenat.

25. CHANTS et Chansons populaires de la France. *Paris, Delloye,* 1843, 3 vol. gr. in-8, fig., demi-rel. maroq. bleu, dos ornés, têtes dorées, non rogn.

Premier tirage des illustrations de Daubigny, Meissonier, Trimolet, 4 livraisons portent comme nom d'imprimeur Pillet et Bailly. On a ajouté au tome III *La Marseillaise* publiée pour la 1re fois en 1848.

26. CHEVIGNÉ (Comte de). Les Contes Rémois par le Comte de C., dessins de E. Meissonier. *Paris, Lévy,* 1858, in-12, portr., vign., demi-rel., dos et coins maroq. orange, dos orné, tête dor., non rogn. (*Thivet*).

Premier tirage des vignettes de Meissonier.

27. CHRONIQUES DU MONDE fashionable ou choix de morceaux de littérature contemporaine par MM. Jules Janin, H. Martin, Gust. Drouineau, Vicomte de Marquessac, Alex. Dumas, Gust. Labitte, Em. Deschamps, J. Lacroix, Pétrus Borel et Eug. Sue. *Paris, Janet,* 1833, demi-rel., dos et coins chag. roug., in-8, tr. dor. (*Rel. de l'époque*).

Ce charmant volume est illustré de 12 très belles lithographies coloriées de T. Johannot, Deveria et Menut. La date a été grattée.

28. COLONNA (Francesco). Le Songe de Poliphile, ou Hypnérotomachie de frère Francesco Colonna, littéralement traduit pour

la première fois, avec une introduction et des notes par Claudius Popelin. Figures sur bois gravées à nouveau par Prunaire. *Paris, Liseux*, 1883, 2 vol. in-8, fig., demi-rel. chag. brun clair, tête dorée, non rogn., couv. cons.

> Tiré à 410 exemplaires, un des 400 num. sur papier de Hollande.
> Envoi autog. de Claudius Popelin.

29. COOPER (Fénimore). Œuvres, traduites par Defauconpret. *Paris, Furne, Gosselin*, 1835-1842, 30 vol. in-8, fig., demi-rel. veau rouge, dos ornés, tr. marb.

30. COURONNE DE LIERRE (La), poésie, musique, prose. *Paris,* 1902, in-8, fig., br.

> Tiré à 300 exemplaires. Texte par F. Coppée, Goudeau, M. Tinayre, Lenotre, Rosny, etc. Illustrations de L. Olivier Merson, Giraldon, Fraipont, Robida, Morin, Lepère.

31. DAUDET (Alphonse). L'Evangéliste, roman parisien. *Paris, Dentu*, 1883. — Souvenirs d'un homme de lettres. *Paris, Marpon, s. d.*, fig. de Bieler, Montégut Myrbach et Rossi. — Ens. 2 vol. in-12, cart. demi-toile, tête rouge, non rogn., couv. cons.

> Editions originales.

32. DELVAU. Le Théâtre érotique de la rue de la Santé, précédé de son histoire. *Partout et nulle part (Paris)*, 1882, in-12, demi-rel. chag. vert, tr. jasp.

33. DÉMIDOFF (Anatole de). Voyage dans la Russie Méridionale et la Crimée par la Hongrie, la Valachie et la Moldavie, illustré par Raffet. Deuxième édition revue et augmentée par l'auteur. *Paris, Bourdin*, 1854, gr. in-8, fig .en noir et planches de costumes coloriées, demi-rel., dos et coins de maroq. rouge, tête dor., non rogn. (*Franz*).

> Bel exemplaire sur papier de Hollande avec les planches de costumes coloriées.
> Manquent les 2 cartes.

34. DÉROULÈDE (Paul). Chants du Soldat. — Nouveaux chants
du soldat. — Marches et Sonneries. — Pro Patria, stances avec
un dessin par Ed. Detaille. — Chants du Paysan. — L'Hetman,
drame en cinq actes. — La Moabite, drame. — Messire Du
Guesclin. *Paris, Lévy*, 1875-1894. — Ens. 7 vol. et 1 plaq. pet.
in-12, demi-rel. et cart., tr. jasp.

> Les six derniers volumes sont en édition originale sur papier fort.
> Envoi d'auteur à 7 volumes. On y joindra l'édition illustrée des Chants
> du soldat, C^{on} Guillaume. *Paris, Lévy*, 1838, in-8, br.

35. DEVÉRIA. Album de l'artiste et du conteur, contenant des
nouvelles inédites par MM. Roger de Léaumont, Agénor de
Lestapi, etc., illustrées de 20 vignettes gr. et ornées de
12 planches inédites de A. Devéria. *Paris, Dupin*, 1839, gr.
in-8, fig., demi-rel.

36. DIX-HUITIÈME SIÈCLE (Le). Les mœurs, les arts, les idées.
Récits et témoignages contemporains. *Paris, Hachette*, 1899,
in-4, nomb. reprod., br.

37. DORÉ (Gustave). Petits albums pour rire. Les Collégiens,
2 plaq. — Grotesques, 2e, 3e et 4e parties, 3 plaq. *Paris, Maresq
et Philipon, s. d.* — Ens. 5 plaq. in-8, fig., br.

38. DORÉ (G.). Œuvres de François Rabelais, contenant la vie de
Gargantua et celle de Pantagruel, illustrations par Gustave
Doré. *Paris, Bry*, 1854, demi-rel., tr. jasp. — About (Ed.). Le
Roi des Montagnes, cinquième édition illustré par Gustave
Doré. *Paris, Hachette*, 1861, demi-rel. maroq. citron, tête
dorée, non rogn. (*Franz*).

> Premier tirage des illustrations de Gustave Doré. Le premier volume
> porte sur la garde la signature de Edouard Detaille. Rousseurs.

39. DORÉ (G.). Musée Français-Anglais. Journal d'Illustrations
mensuelles dirigé par Ch. Philipon, de l'origine, Janvier 1855 à

Décembre 1860, 72 numéros en 2 vol. pet. in-folio, nomb. ill.,
cart. demi-toile, tr. jasp.

On y joindra environ 20 numéros de 1855-56, incomplets, en 1 vol.,
cart. demi-toile.

40. DORÉ (G.). Les Aventures du Chevalier Jaufre et de la belle
Brunissende. Traduites par Mary Lafon, illustrées de 20 belles
gravures par G. Doré. *Paris, Libr. Nouvelle*, 1856, in-8, demi-
rel., dos et coins chag. orange, tête dor., non rogn., recto de
la couv. cons.

41. DORÉ (G.). La Légende du Juif-errant, compositions et dessins par G. Doré, grav. sur bois par Rouget, Jahyer, poème
avec prologue et épilogue par Pierre Dupont. *Paris, Lévy*, 1856,
in-fol., cartonnage illustré.

Bel exemplaire de premier tirage.

42. DORÉ (G.). Les Contes de Perrault, dessins par Gustave Doré.
Préface de Stahl. *Paris, Hetzel*, 1862, in-fol., cart.

Premier tirage.

43. DORÉ (G.). La Mythologie du Rhin et les Contes de la Mère-
Grand, par Saintine, illustrés par Gustave Doré. *Paris, Hachette*, 1862, in-8, cart. toile, tr. dorées. — Histoire aussi intéressante
qu'invraisemblable de l'intrépide capitaine Castagnette, par Manuel, illustrée de 43 vignettes sur bois par Gustave Doré. *Paris,
Hachette*, 1862, demi-rel. — Quatrelles. Le Chevalier Beau-
Temps, vign. par Gustave Doré. *Paris, Pougin, s. d.*, demi-
rel. — Ens. 3 vol. in-4 et in-8, cart. et demi-rel.

Premier tirage des illustrations de G. Doré. Lég. rousseurs au
second volume.

44. DORÉ (G.). The Legend of the Wandering Jew. A series of
twelde designs by Gustave Doré, with explanatory introduction. *London, Casell, s. d.*, in-folio, 12 planches. — Two hun-
dred sketches humorous and grotesque by Gustave Doré. *Lon-

don, Warne, 1867, in-4, fig. Ens. 2 vol. in-folio et in-4, cart.

Taches et lég. déchirure au second volume.

45. DORÉ (G.). Coleridge (S.). The Rime of the ancient Mariner, illustrated by Gustave Doré. *London*, 1876, in-folio, front. et 38 planches, cart. toile.

Premier tirage des illustrations de Gustave Doré.

46. DORÉ (G.). Tennyson : Vivien, illustrated by Gustave Doré. — Guineveu, ill. by G. Doré. *London, Moxon*, 1877. — Ens. 2 vol. pet. in-folio, fig., cart. toile, fers spéciaux.

Premier tirage des illustrations de G. Doré.

47. DORÉ (G.). Aventures du baron de Munchhausen, traduction nouvelle par Th. Gautier fils, illustrées par Gustave Doré. *Paris, Furne, s. d.*, in-4, fig., demi-rel. chag., tr. jasp. — Quatrelles : Le Chevalier Beau-Temps, vignettes de Gustave Doré. *Paris, Pougin, s. d.*, in-8, vélin, tr. jasp. — Ens. 2 vol. in-4 et in-8, rel.

Premier tirage des illustrations de Gustave Doré.

48. DUMAS (Al.). Les trois Mousquetaires. Compositions de Maurice Leloir, gravures sur bois de J. Huyot. *Paris, Calmann-Lévy*, 1894, 2 vol. in-4, fig., demi-rel. mar. bleu, dos ornés, têtes dorées, non rogn., couv. ill., cons. (*Franz*).

Premier tirage.
Envoi de Maurice Leloir à Ed. Detaille.

49. DUMAS FILS (Alex.). Discours funèbre prononcé sur la tombe de Gustave Doré. 25 janvier 1883. *S. l. n. d.* (1883), in-8, demi-rel. maroq. bleu, tête dorée, couv. cons. — Une lettre sur les choses du jour. *Paris, Lévy*, 1871, in-12, rel. vélin, tr. jasp. — Ens. 2 plaq. in-8 et in-12, rel.

Éditions originales. Envoi autog. de A. Dumas fils à Ed. Detaille au premier vol.

50. EVASIONS CÉLÈBRES (Les), d'après les récits des historiens,
les Mémoires et la correspondance de Benvenuto Cellini, Cardinal de Retz, etc., illustrées d'après 36 dessins d'Alfred Paris.
— Funck-Brentano. Les Brigands. 26 planches en couleurs
d'après les aquarelles de A. Paris. *Paris, Hachette,* 1902-1904.
— Ens. 2 vol. in-4, fig., br.

Envois de Alfred Paris.

51. FABRE (Ferdinand). Xaxière, illustré par Boutet de Monvel.
Paris, Boussod, Valadon, 1890, in-4, fig., br.

52. FEBVRE (Frédéric). Journal d'un Comédien, 1850-1894, pré-
faces par J. Claretie et Al. Dumas fils. Illustrations de Julian-
Damazy. *Paris, Ollendorff,* 1896, 2 vol. in-8, fig., br.

Exemplaire imprimé sur PAPIER DE CHINE pour M. Ed. Detaille.

53. FIGARO ILLUSTRÉ (Le), de 1892 à 1905, 13 années in-4, fig.,
en livraisons. — Figaro-Salon, années 1888 à 1898, 10 années
en livr. — Figaro-Modes, 1904 et 1905, 2 années en livr.

Il manque au Figaro illustré le n° de Noël de 1893 et le n° d'octobre
1905. Au Figaro-Salon, l'année 1891.

On y joindra, 30 numéros divers du Figaro ill. et Figaro Modes des
années 1903 à 1910.

54. FRANCE (La) au XIXe siècle, illustrée dans ses monuments et
ses plus beaux sites, dessinés d'après nature, par Thomas
Allom. *Paris et Londres, s. d.,* 3 vol., planches. — Vues de la
Hollande et de la Belgique, dess. par Bartlett. *Londres, s. d.,*
fig. — La Grèce pittoresque et historique, par Ch. Wordsworth.
Paris, Curmer, s. d. — Ens. 5 vol. gr. in-8, fig., demi-rel.

55. FRANCE (Anatole). Nos Enfants. Scènes de la ville et des
champs. Illustrations de M. B. de Monvel. *Paris, Hachette,*
1887, in-4, fig., cart.

Edition originale.
Envoi de B. de Monvel et Anatole France à Ed. Detaille.

56. FRANQUEVILLE (Comte de). Le Premier Siècle de l'Institut de France, 25 octobre 1795-25 octobre 1895. Histoire, organisation, personnel, notices biographiques et bibliographiques sur les académiciens titulaires. *Paris, Rothschild*, 1895, 2 vol. in-8, nombr. fig., le tome premier demi-rel. maroq. rouge, tête dor., non rogn., couv. et le tome second br.

57. GAUTIER (Théophile). Militona. Un portrait et dix compositions de Adrien Moreau gravées par A. Lamotte. *Paris, Conquet*, 1887, in-8, demi-rel., dos et coins veau fauve, tête dor., non rogn., couv. cons.

 Exemplaire sur papier du Japon.

58. GAUTIER (Th.). Emaux et Camées. Cent douze dessins de Gustave Fraipont. *Paris, Conquet*, 1887, pet. in-8, fig., br., couv. ill.

 Exemplaire imprimé sur papier de Chine, offert à M. Ed. Detaille et contenant le *Musée Secret.*

59. GAVARNI. Le Diable à Paris. Paris et les Parisiens. Mœurs et coutumes, caractères et portraits des habitants de Paris. Texte par MM. G. Sand, Stahl, Gozlan, Nodier, Balzac, Gautier, Musset, etc. *Paris, Hetzel*, 1845, 2 vol. gr. in-8, demi-rel., dos coins maroq. vert, tête dor., ébarbé (*Thivet*).

 Premier tirage des illustrations de Gavarni.

60. GOETHE. Faust, traduction revue et complète, précédée d'un essai sur Goethe par Henri Blaze. Edition illustrée par T. Johannot. *Paris, M. Lévy*, 1847. — Werther. Traduction nouvelle, par Pierre Leroux. Dix eaux-fortes par Tony Johannot. *Paris, Hetzel*, 1845. — Ens. 2 vol. in-8, demi-rel. chag. bleu, tr. jasp.

 Premier tirage des Illustrations.

61. GRANDVILLE. Un autre Monde, Transformations, visions, incarnations, ascensions, locomotions, etc. *Paris, Fournier*, 1844,

gr. in-8, fig., demi-rel., dos et coins de maroq. rouge, tête dorée, ébarb. (*Thivet*).

Premier tirage des illustrations de Grandville.

62. **HALÉVY** (Ludovic). L'Invasion, souvenirs et récits. *Paris, Michel Lévy*, 1872, in-12, cart. vélin blanc, tête jasp. ébarbé.

Edition originale.
Un des 25 exemplaires sur papier de Hollande.

63. **HALÉVY** (Ludovic). Récits de Guerre. L'Invasion, 1870-1871, dess. par L. Marchetti et Alf. Paris. *Paris, Boussod et Valadon, s. d.*, in-4, en livr.

64. **HALÉVY** (Ludovic). Madame et Monsieur Cardinal, 12 vign. par Ed. Morin. — Les petites Cardinal, 12 vign. par Henry Maigrot. — Un mariage d'amour. — L'abbé Constantin. *Paris, Calmann-Lévy*, 1873-1882. — Ens. 4 vol. in-12, demi-rel. chag. vert, tr. jasp.

Edition originale des 3 derniers ouvrages avec envois d'auteur.

65. **HALÉVY** (Ludovic). L'Abbé Constantin. — Criquette. *Paris, Calmann-Lévy*, 1882-1883. — Ens. 2 vol. in-12, demi-rel. maroq. bleu, têtes dorées, non rogn., recto des couv. cons.

Editions originales avec envois d'auteur.
Le premier volume est un des 50, le second un des 75 exemplaires num. sur papier de Hollande.

66. **HALÉVY** (Ludovic). L'Abbé Constantin, illustré par Madame Madeleine Lemaire. *Paris, Boussod et Valadon*, 1887, in-4, veau, compart. dor. et à froid, dos orné, tête dor., non rogn., couv. cons.

67. **HALÉVY** (Ludovic). Karikari. Aquarelles d'après Henriot. *Paris, Conquet*, 1888, in-18, fig., br., couv. ill.

Exemplaire imprimé sur papier du Japon, offert à M. Ed. Detaille.

68. HALÉVY (Ludovic). Notes et Souvenirs, de Mai à Décembre
1871. *Paris, Boussod, Valadon,* 1889, in-4, fig. de Girardet et
Giacomelli, demi-rel. chag. bleu, têtedor., non rogn., couv. cons.

> Exemplaire numéroté sur papier du Japon avec envoi de Ludovic
> Halévy.

69. HAMILTON (Antoine). Mémoires du Comte de Grammont.
Un portrait de A. Hamilton, et trente-trois compositions de C.
Delort, gravés par Boisson. *Paris, Conquet,* 1888, in-8, demi-
rel. maroq. vert., tête dor., non rogn, couv. cons.

> Exemplaire sur papier vélin numéroté. Envoi de C. Delort.

70. HERVIEU (Paul). Flirt, illustré par Madame Madeleine Lemaire. *Paris, Boussod et Valadon,* 1890, in-4, fig. demi-rel.
maroq. bleu, dos orné, tête dor., non rogn., couv. cons.

> Exemplaire sur papier du Japon avec 3 états des figures. Envoi de
> Paul Hervieu.

71. HISTOIRE critique des Théâtres de Paris, pendant 1821 ; Pièces nouvelles, reprises, débuts, rentrées, etc., par MM*** et***.
(A. P. Chalons d'Arcé) *Paris, Lelong,* 1822, in-8, cart. demi-
toile, tr. jasp.

72. HISTOIRE des quatre fils Aymon, très nobles et très vaillans
Chevaliers, illustrée de compositions en couleurs, par Eug.
Grasset. *Paris, Launette,* 1883, in-4, fig. en couleur, demi-rel.
chag. grenat, tête dor., non rogn., couv. jaune, cons.

> Exemplaire de collaborateur sur papier du Japon.

73. HOUSSAYE (Arsène). Les Confessions. Souvenirs d'un demi-
siècle, 1830-1880. *Paris, Dentu,* 1885-1891, 6 vol. in-8, port. et
fac-similé, demi-rel. mar. bleu, têtes dorées, non rogn. (*Durvand-Thivet*).

> Envoi d'auteur.

74. HUGO (Victor). L'Année terrible, illustrations de L. Flameng

et D. Vierge. *Paris, Michel Lévy*, 1874, gr. in-8, cart. demi-toile, non rogn., couv. cons.

> Premier tirage des figures de Daniel Vierge.

75. HURTREL (Mme Alice). Les Amours de Catherine de Bourbon, sœur du roi, et du comte de Soissons. *Paris, Hurtrel*, 1882, in-12, fig. par Lalauze, Riester, etc., br., emboîtage.

76. JANIN (Jules). Deburau. Histoire du théâtre à quatre sous, pour faire suite à l'histoire du théâtre français. *Paris, Gosselin*, 1832, 2 vol. — Même ouvrage. *Paris, Lib. des Bibliophiles*, 1881. — Champfleury : Souvenirs des Funambules. *Paris, Lévy*, 1859, in-12, 4 eaux-fortes de Legros, demi-rel., tête rouge, non rogn., couv. cons. — Péricaud (L.). Le théâtre des Funambules, ses mimes, ses acteurs et ses pantomimes. *Paris, Sapin*, 1897, gr. in-8, et in-12, demi-rel. — Ens. 5 vol. in-8 et in-12, demi-rel. et cart.

> Edition originale de l'ouvrage de Champfleury. Souvenirs des Funambules. Exemplaire auquel on a ajouté 1 frontispice et 3 eaux-fortes par Legros.

77. JANIN (Jules). Un hiver à Paris. — L'été à Paris. *Paris, Curmer*, 1843. — Ens. 2 vol. gr. in-8, nomb. fig. de Eug. Lami, demi-rel.

> Premier tirage.

78. LABICHE (Eug.). Théâtre complet, avec une préface par Emile Augier. *Paris, Calmann-Lévy*, 1879, 10 vol. in-12, demi-rel. chag. grenat, tr. jasp.

79. LABORDE (Comte Al. de). Versailles ancien et moderne. *Paris, Schneider et Langrand*, 1841, gr. in-8, fig., demi-rel., dos et coins de mar. rouge, tête dorée, non rogn., recto de la couv. cons. (*Franz*).

> La couverture porte le nom de Gavard et la date de 1842. Bel exemplaire.

80. LA FONTAINE. Fables, avec les dessins de Gustave Doré. *Paris, Hachette*, 1868, gr. in-4, fig., cart. toile, fers spéciaux.

81. LA FONTAINE. Fables, ornées de 12 dessins originaux de Bodmer, Brown, Daubigny, Detaille, Gérome, Leloir, Lévy, Millet, Rousseau, Stevens, Worms. *Paris, Libr. des Bibliophiles*, 1873, 2 vol. in-8, portr., demi-rel. maroq. roug., tête dor., non rog. (*Franz*).

82. LA FONTAINE. Contes et Nouvelles, édition illustrée par MM. Tony Johannot, Roqueplan, Devéria, Boulanger, etc. *Paris, Aubrée, s. d.*, gr. in-8, fig., demi-rel. veau rouge, dos orné, non rogn. (*Rel. romantique*).

83. LARROUMET (Gustave). Adrienne Lecouvreur d'après sa correspondance. *Paris, Chamerot,* 1892, in-4. — Souvenirs de Frédérick Lemaître, publiés par son fils. *Paris, Ollendorff,* 1880, port. — Pougin (Arthur). Marietta Alboni. *Paris, Plon*, 1912. — Journal de Edmond Got, sociétaire de la Comédie Francaise, 1822-1901. *Paris, Plon,* 1910. — Coppée (Fr.). Discours prononcé sur la tombe d'Emile Augier. Stances de M. Jean Richepin, dites par M. Got. *Paris,* 1889. — Ens. 5 vol. in-8 et in-12, et 1 plaq. in-8, cart. et br.

Envoi d'auteur à 2 volumes.

84. LARROUMET (Gustave). Œuvres. *Paris, Hachette,* 1892-1899, 12 vol. in-4, in-8 et in-12, demi-rel. et br.

Le centenaire de Scribe.— Marivaux, sa vie, ses œuvres. —L'Art et l'Etat en France. — Etudes de littérature et d'art, 3ᵉ et 4ᵉ séries. — Petits portraits et notes d'art, 2 vol. — Vers Athènes et Jérusalem.— Racine, exempl. impr. sur papier du Japon. — Même ouvrage, pap. ordinaire. — Discours. 1888-1891, in-8, tiré à petit nombre sur pap. de Hollande. —Nuptiis Bertaux-Laroumet : Lumbroso, Napoléon a-t-il aimé une femme. Dresde, 1812-13. Cambronne. Waterloo. Sabreurs hommes de lettres. Napoléon Jérôme. Castellane. *S. l.(Modène,* 1901). Envoi d'auteur à 10 volumes.

85. LAVEDAN (Henri). Le Marquis de Priola. *Paris, Flammarion,
s. d.*, in-12. — Baignoire 9. *Paris, Flammarion, s. d.*, in-12. —
2 vol., br.

> Edition originale du Marquis de Priola. Envois.

86. LE SAGE. Histoire de Gil Blas de Santillane, illustrée par
Jean Gigoux. Lazarille de Tormès, traduit par L. Viardot, illustré par Meissonier. *Paris, Dubochet*, 1846, gr. in-8, fig., demi-
rel., dos et coins de mar. vert, tête dorée, non rogn. (*Thivet*).

> Premier tirage des illustrations de Meissonier pour *Lazarille de
> Tormès*.

87. LETTRES ET LES ARTS (Les). Revue illustrée. Janvier 1886,
(origine), à 1889 (fin), 3 années en 16 vol. in-4, nombr. fig.,
demi-rel. maroq. brun, têtes dorées, non rogn.

88. LORÉDAN LARCHEY. Dictionnaire des noms contenant la
recherche étymologique des formes anciennes de 20200 noms
relevés sur les annuaires de Paris. *Paris, aux frais de l'auteur*,
1880, pet. in-8, papier vergé, demi-rel. chag. grenat, tr. jasp.,
recto de la couv. cons.

> Dictionnaire rare.
> Exemplaire portant sur le faux-titre un envoi et quelques lignes
> autog. de l'auteur indiquant l'étymologie du nom de Detaille.

89. LOTI (Pierre). Madame Chrysanthème. Dessins et aquarelles de
Rossi et Myrbach. *Paris, Lévy*, 1888, in-8, fig., veau granit.,
filets et fleurons, dos orné, tête dorée, non rogn., couv. ill.
cons. (*Lachambre*). — Les derniers jours de Pékin. *Paris, Lévy*,
s. d. (1901), in-12, br. — Vers Ispahan. *Paris, Lévy, s. d.*
(1904), br. — Ens. 3 vol. in-8, et in-12, rel. et br.

> Editions originales.

90. LUXEMBOURG (Jean de). Le Triomphe et les gestes de Mgr
Anne de Montmorency, connétable, grand Maître et premier
baron de France, poème de Jean de Luxembourg, publié d'après

le manuscrit original de l'ancienne librairie de Chantilly, appartenant à M. le Marquis de Lévis. *Paris, Imp. Nationale*, 1904,
in-4, planche. — Lafenestre (G.). Les Primitifs à Bruges et à
Paris. 1900-1904. *Paris, Lib. de l'Art*, 1904. — Clausse (G.).
Béatrix d'Este, duchesse de Milan. Conférence. *Paris, Leroux*,
1907, fig. — Ens. 3 vol. in-4, et pet. in-8, cart. et br.

> Envoi d'auteur à deux volumes.

91. MAILLARD (Léon). Les Menus et Programmes illustrés, invita-
tions, billets de faire part, cartes d'adresse, petites estampes du
xvıı⁰ siècle jusqu'à nos jours. Ouvrage orné de 460 reproductions. *Paris, Boudet*, 1898, in-4, br.

> Envoi de Boudet.

92. MAINDRON (Maurice). Le Carquois. *Paris, Charpentier*, 1907,
in-12, br., couv.

> Édition originale. Envoi de M. Maindron à Ed. Detaille.

93. MANUSCRIT CHINOIS de 50 ff. gr. in-8, orné de 5 belles
gouaches originales, dont 1 à double page, br., couv. en étoffe
bleu clair, lamée d'or.

> Beau manuscrit du commencement du xıx⁰ siècle, les gouaches qui
> l'ornent sont d'une très belle exécution.
> On y joindra 2 albums de 38 et 16 estampes chinoises modernes.

94. MASSON (Frédéric). Rome pendant la Semaine Sainte (par
Frédéric Masson). Dessins par Paul Renouard. *Paris, Boussod,
Valadon, s. d.* (1891), in-4, fig., br.

> Exemplaire portant sur le faux-titre l'envoi autogr. suivant : *A
> Edouard Detaille, cet enfant sans père mais reconnu par son ami:
> Frédéric Masson.*

95. MAUPASSANT (Guy de). Pierre et Jean, illustré par Ernest
Duez et Albert Lynch. *Paris, Boussod, Valadon*, 1888, in-4,
fig., demi-rel. maroq. vert, tête dorée, non rogn., couv. cons.

> Exemplaire non num., imprimé sur papier du japon, offert à M. Ed.

2

Detaille et ne contenant qu'une suite des illustrations : en bistre sur papier du Japon.

On y joindra la suite complète de toutes les figures, épreuves en DOUBLE ÉTAT : sur papier du Japon en bistre, sur Whatman en camaïeu, en feuilles, dans un carton.

96. MAUPASSANT (Guy de). Pierre et Jean illustré par E. Duez. et A. Lynch. *Paris, Boussod et Valadon,* 1888, in-4, demi-rel. chag. vert, tête dor., non rogn., couv. cons.

> Exemplaire sur papier du Japon.
> Envoi des Éditeurs à Ed. Detaille.

97. MAURICE (Charles). Epaves. Théâtre, histoire, anecdotes, mots. *Paris,* 1865. — Foucher (Paul). Entre Cour et Jardin. Etudes et souvenirs du Théâtre. *Paris, Amyot,* 1867. — Vizentini (Albert). Derrière la toile (Foyers, coulisses et comédiens). *Paris, A. Faure,* 1868. — Hostein. Historiettes et Souvenirs d'un homme de théâtre. *Paris, Dentu,* 1878. — Moynet (J.). L'Envers du Théâtre. Machines et décorations. *Paris, Hachette,* 1874, fig. — Ens. 5 vol. in-8, et in-12, demi-rel. et cart.

98. MEILHAC (H.) et L. Halévy. La Vie parisienne, pièce en cinq actes, musique de M. J. Offenbach. Edition illustrée de costumes coloriés, dessinés par Draner, de vignettes par P. Hadol, des portraits des auteurs, etc. *Paris, Librairie illustrée,* 1875, gr. in-8, fig., cart. demi-toile, non rogn., couv. ill. cons. (*Franz*).

> Premier tirage.
> On y joindra. Discours prononcé dans la séance publique tenue par l'Académie Française, pour la réception de M. Henry Meilhac, le 4 avril 1889. *Paris, Didot,* 1889, plaq. in-4, cart. demi-toile. Edit. originale avec envoi d'auteur.

99. MEILHAC et HALÉVY. La Cigale, comédie en trois actes. *Paris, Lévy,* 1877, in-12, cart. demi-toile, tr. jasp. — Monréal et Blondeau : Une semaine à Paris, revue en trois actes. *Paris, Tresse et Stock,* 1896, in-12, chag. grenat, tête rouge, non rogn. — Zamacoïs (Miguel). Les Bouffons, pièce en quatre actes, en

vers. *Paris, Lib. Théâtrale,* 1907, in-12, br., couv. imp. —Ens.
3 vol. in-12, rel. et br.

> Editions originales.
> Envois de Meilhac et Halévy, et de Zamacoïs.
> La Revue de MM. Monréal et Blondeau est ornée d'un titre aqua-
> rellé, avec dédicace des auteurs à Ed. Detaille, d'une aquarelle ori-
> ginale de Monréal et d'une pièce en vers, autogr. de H. Blondeau.

100. MENZEL (A.). Illustrations des œuvres de Frédéric-le-Grand,
par Adolphe Menzel, gravées sur bois par O. Vogel, A. Vogel,
Fr. Unzelmann et H. Müller, 200 feuillets avec texte de L.
Pietsch. *Berlin,* 1882, 4 vol. pet. in-folio, br., dans les cartonn.
de l'éd.

> Belle édition tirée à 300 exemplaires sur papier de Hollande, avec
> les figures sur papier de Chine.

101. MÉRIMÉE (Prosper). 1572, Chronique du règne de Charles IX,
par l'auteur du *Théâtre de Clara Gazul.* Seconde édition. *Paris,*
Fournier, 1832, in-8, demi-rel. veau brun, tr. jasp. (*Rel. de l'é-*
poque).

102. MILHAUD (Albert). La Comédie du jour sous la République
athénienne, illustrations par Caran d'Ache. *Paris, Plon, s. d.*
(1887), in-4, fig., demi-rel., dos et coins de chag. bleu, dos orné,
tête dorée, non rogn., recto de la couv. cons.

103. MISSEL des grandes Fêtes, contenant l'ordinaire de la Messe,
les Évangiles, etc. Compositions de Henri Caruchet. *Paris, Lau-*
rens, s. d., pet. in-8, en feuilles, emboîtage en vélin blanc.

> Edition de grand luxe tirée à 44 exemplaires numérotés sur papier
> du Japon, coloriés par Henri Caruchet.
> Envoi de l'artiste à Edouard Detaille.

104. MONDE ILLUSTRÉ (Le), journal hebdomadaire. De l'origine
(1857) à 1910, 54 années en 107 vol. in-4, fig., cart. demi-toile,
tr. jasp.

105. MONNIER (Henry). Les Bas-Fonds de la société. *Paris, s. d.*, in-8, demi-rel. mar. rouge, tête dorée, non rogn. (*Franz*).

Signature autog. de Ed. Detaille sur le faux-titre.

106. MONNIER (Henry). Scènes populaires dessinées à la plume par Henry Monnier. *Paris, Dentu,* 1879, 2 vol.—Champfleury, Henry Monnier, sa vie, son œuvre, avec un catalogue complet de l'œuvre et 100 grav. fac-similé. *Paris, Dentu,* 1879. — Ens. 3 vol. in-8, demi-rel. chag. vert, têtes dor., non rogn.

107. MONTORGUEIL (G.) et Job. La Tour d'Auvergne. *Paris, Combet,* 1902, in-4. Chromotypogravure, cart. toile.

108. MOUTON (Eugène). Histoire de l'Invalide à la tête de bois. Illustrations de G. Clairin. *Paris, Baschet, s.d.*, in-4, portr., fig., br.

Envois de E. Mouton et de G. Clairin à Edouard Detaille.

109. NERVAL (Gérard de) Sylvie, souvenirs du Valois. Préface par Ludovic Halévy, 42 compositions dess. et gr. à l'eau-forte par Ed. Rudaux. *Paris, Conquet,* 1886, pet. in-8, fig., demi-rel. dos et coins de chag. vert, tête dorée, non rogn., recto de la couv. cons.

Exemplaire imprimé sur papier du Japon, offert à M. Ed. Detaille.

110. NODIER (Charles). Le Bibliomane. 24 compositions de Maurice Leloir, gr. sur bois par F. Noël. Préface de R. Vallery-Radot. *Paris, Conquet,* 1894, in-12, fig., demi-rel. maroq. rouge à long grain, tête rouge, non rogn., couv. ill. cons. (*Franz*).

Exemplaire imprimé sur papier de Chine, offert à Ed. Detaille.

111. NOLHAC (Pierre de). Histoire du Château de Versailles. Versailles sous Louis XIV. *Paris, Marty*, 1911, 2 vol. in-4, nomb. reprod. et fac-similé, br.

112. NORIAC (Jules). Le 101e Régiment, illustré par Armand-Dumarescq, Janet, Morin, etc. *Paris, Librairie Nouvelle,* 1860, in-8, fig., demi rel. chag. rouge, tr. jasp., recto de la couv. cons.

Premier tirage.

113. OFFENBACH (J.). La Fille du tambour major, opéra-comique en 3 actes. *Paris, Choudens, s. d.*, in-8, demi-rel. chag. vert, tr. jasp.

> Partition piano et chant, portant sur un feuillet de garde un dessin original à la plume de J. Offenbach, représentant le compositeur costumé en tambour major. Ce dessin est accompagné de la dédicace autogr. suivante : *Au maestro Detaille, souvenir affectueux de Jacques Offenbach (pinxit).*

114. PARIS à travers les âges. Aspects successifs des monuments et quartiers historiques de Paris, depuis le xiiie siècle jusqu'à nos jours, restitués par Hoffbauer. Texte par M.M. Bonnardot, Drumont, V. Dufour, Ed. Fournier, etc. *Paris, Didot*, 1885, 2 vol. in-folio, nomb. planches, en feuilles, dans 2 cartons.

115. PARIS. CAIN (Georges). Croquis du Vieux Paris, illustrations et gravure sur bois de Tony Beltrand. Préface de V. Sardou. *Paris, Conard*, 1905, in-8, br.

> Ouvrage tiré à 125 exemplaires. Cet exemplaire a été imprimé pour M. Ed. Detaille.

116. PARIS. CAIN (Georges). Coins de Paris, avec 100 illustr. *Paris, s. d.*, in-8. — Promenades dans Paris, avec 280 fig. et plans. *Paris, s. d.*, 2 vol. in-12. — Le Long des rues, avec 124 fig. *Paris, s. d.*, in-12. — Paris les anciens quartiers. Le Louvre, Tuileries, etc., publ. par G. Cain. *Paris*, in-8 oblong. — Ens. 5 vol., br.

117. PARIS. Du Camp (Maxime). Paris, ses organes, ses fonctions et sa vie dans la seconde moitié du xixe siècle. *Paris, Hachette*, 1875-1879, 6 vol. in-12, demi-rel. chag. rouge, tr. jasp.

118. PARIS. Dulaure. Nouvelle description des Curiosités de Paris, contenant les détails historiques de tous les établissemens, monumens, etc. *Paris, Lejay*, 1785. — Prudhomme (L.). Miroir historique, politique et critique de l'ancien et du nouveau Paris, et du Département de la Seine. Orné de 116 gravures. *Paris*, 1807, 6 vol., fig. — Voyage descriptif et historique de

l'ancien et du nouveau Paris. Miroir fidèle, par L. P. (Louis Prudhomme). *Paris*, 1821, 2 vol. — Jacob (P.-L.). Promenades dans le vieux Paris. *Paris, Desforges, s. d.*, lithographies. — Ens. 10 vol. in-12 et in-18, demi-rel.

> Les plans et figures annoncées sur le titre du *Voyage descriptif*, manquent.

119. PARIS. Fournel (V.). Les Rues du Vieux Paris. Galerie populaire et pittoresque. *Paris, Didot*, 1881, in-8, fig., demi-rel. veau fauve, dos orné, tête dorée, non rogn., couv. ill. — Maurice (Charles). Feu le Boulevart du Temple, résurrection épistolaire. *Paris*, 1863, demi-rel. — Ens. 2 vol. in-8, demi-rel.

120. PARIS. Fournier (Ed.). Histoire des enseignes de Paris, revue et publiée par le Bibliophile Jacob. *Paris, Dentu*, 1883, in-8, fig., demi-rel. — Les Concours d'enseignes organisé par la Ville de Paris. Reproduction phototypique des principales œuvres exposées. *Paris, Guérinet, s. d.*, planches, en feuilles. — Concours d'Enseignes de la Ville de Paris, 1902, in-4, 28 planches, en feuilles.

121. PARIS. Grégoire. Mémoires de l'exécuteur des Hautes-œuvres, pour servir à l'histoire de Paris pendant la Terreur. *Paris,* 1830, in-8. — Babeau. Paris en 1789. *Paris, Didot*, 1892, gr. in-8, 150 grav. — Les quartiers de Paris pendant la Révolution 1789-1804. Dess. inédits de Demachy, Belanger, Fragonard, Debucourt, Ransonnette, etc. Texte par G. Lenotre. *Paris, Bernard*, 1896, in-fol. dans un carton. — Ens. 3 vol. dont 2 rel.

122. PARIS. Labédollière (E. de). Le Nouveau Paris. Histoire de ses 20 Arrondissements. Illustrations de Gustave Doré. *Paris, Barba, s. d.* — Histoire des environs du nouveau Paris, illustrée par Gustave Doré. *Paris, Barba, s. d.* — Paris. Guide, par les principaux écrivains et artistes de la France. *Paris, Lacroix*, 1867, 2 vol. in-8, fig., cart., tr. jasp. — Ens. 4 vol. in-8, demi-

rel. maroq. bleu, dos ornés, tr. jasp., couv. d'une livr. cons.
et cart. toile, tr. jasp.

> Les titres des *Environs du nouveau Paris* et du *Paris-Guide*
> manquent.

123. **PARIS.** La Grande Ville, nouveau tableau de Paris comique,
critique et philosophique, par MM. Paul de Kock, Balzac,
Dumas, Gozlan, etc., illustrations de Gavarni, V. Adam, Daumier, Daubigny, etc. *Paris, Marescq*, 1844, 2 vol. gr. in-8, fig.
dans le texte et 29 planches hors texte, demi-rel. chag. rouge,
dos ornés, tr. jasp. (*Rel. de l'ép.*).

> Lég. rousseurs.

124. **PARIS.** Les Théâtres de Paris. Cinquante notices et portraits.
Texte par une société de gens de lettres. Dessins par Eustache
Lorsay, lithogr. par Collette. *Paris, Martinon*, 1854-1855, 2 vol.
in-8, 100 port. lithog., cart. recouverts des couvertures, tr. jasp.
— Fournel (V.). Les spectacles populaires et les artistes des
rues. *Paris, Dentu*, 1863, in-12, demi-rel. — Maurice (Ch.).
Feu le Boulevart (sic) du Temple. *Paris*, 1863, cart. demi-toile,
couv. cons. — Ens. 4 vol. in-8 et in-12, demi-rel. et cart.

125. **PARIS.** Les Tuileries et le Palais-Royal, par le Vicomte S. de
L... (Ch. Max Catherinet) (de Villemarest). *Paris, Vimont*,
1833. — Saint-Marc et Marquis de Boubonne. Les chroniques
du Palais-Royal. Les ducs et les duchesses, la Régence, théâtres,
cafés, etc., illustrations par Mesplés. *Paris, Belin, s. d.*, fig. —
Ens. 2 vol. in-8, cart. et demi-rel.

> Cachet sur le titre du 1er volume. Le second ouvrage est imprimé
> sur papier de Hollande.

126. **PARIS.** Lurine (Louis). Les Rues de Paris. Paris ancien et
moderne. Origines, histoire, monuments, costumes, etc.,
illustré de 300 dessins exécutés par les artistes les plus dis-
tingués. *Paris, Kugelmann*, 1844, 2 vol. in-8, fig., cart. demi-
toile, ébarb.

127. PARIS. Mercier (Sébastien). Tableau de Paris. Nouvelle édition corrigée et augmentée. *Amsterdam*, 1782-1783, 8 vol. in-8, veau rac., dos ornés (*Rel. anc.*). — Paris pendant la Révolution (1789-1798), ou le Nouveau Paris. Nouvelle édition annotée, avec une introduction. *Paris, Poulet-Malassis*, 1862, 2 vol. in-12, demi-rel. vélin. — Ens. 10 vol. in-8 et in-12, rel.

   Rousseurs au second ouvrage.

128. PARIS. Charles Normand. Itinéraire guide artistique et archéologique de Paris. *Paris, s. d.*, in-12, rel. — Nouvelles antiquités Gallo-romaines de Paris. Les Arènes de Lutèce ou le Premier Théâtre parisien, in-8 et atlas in-4. — L'Œuvre de Sauvegarde et d'Etude des monuments. *Paris, Impr. Nationale, s. d.*, in-4. — Ens. 4 vol.

129. PARIS, ou le Livre des Cent-et-Un. *Paris, Ladvocat*, 1832-1834, 15 vol. in-8, demi-rel. veau bleu, dos ornés à froid et dorés, tr. marb. (*Rel. romantique*).

   Mouillures aux tomes XI et XV.

130. PARIS. Pessard (Gust.). Nouveau Dictionnaire historique de Paris. *Paris, Rey*, 1904, in-8, cart. — Nomenclature des voies publiques et privées. *Paris, Chaix*. Editions de 1898 et de 1911, 2 vol. in-4. — Ens. 3 vol.

131. PARIS. 7 vol. in-8 et in-12, demi-rel., cart. et br.

   Lanzac de Laborie. Paris sous Napoléon. Consulat. Administration et grands travaux. La Cour et la Ville. *Paris, Plon*, 1905-1906, 3 vol. — Une semaine de l'histoire de Paris, par M. le baron de L. L. (Lamothe-Langon). *Paris, Mame*, 1830, (rousseurs). — Hormoy (d'). Histoire de Paris en 1848. *Paris, Lebrun, s. d.* — Paris, illustrations. Histoire des hommes et des choses de 1848. *Paris, Lebrun, s. d.*, fig. — Vitu. La mansarde de Bonaparte au quai Conti. *Paris*, 1885.

132. PARIS. Ville de Paris. Commission municipale du Vieux Paris. Procès-verbaux, années 1898 à 1910, 12 vol. in-4, nomb. planches,

demi-rel. maroq. grenat à long grain, dos ornés, tête jasp.

L'année 1908 manque. On y joindra environ 100 numéros des mêmes années, parmi lesquelles 1899, 1901 à 1904, 1906, 1907 et 1910 complètes.

133. PARIS. Vitu (Aug.). Paris, 450 dessins inédits d'après nature. *Paris, Quantin, s. d.*, pet. in-fol., demi-rel., dos et coins de chag. rouge, tête dorée, non rogn. — La mansarde de Bonaparte au quai Conti. *Paris*, 1885, plaq. in-8, cart. demi-toile. — Ens. 1 vol. et 1 plaq. demi-rel. et cart.

134. PARIS. Yriarte (Ch.). Histoire de Paris, ses transformations successives, avec vignettes, chromo et eaux-fortes. *Paris, Rothschild*, 1882, gr. in-4, planches, demi-rel. maroq. bleu, dos orné, tête dorée, non rogn., couv. cons.

Tirage spécial à 100 exemplaires sur papier teinté, avec les eaux-fortes tirées sur papier du Japon. Exemplaire offert à M. Ed. Detaille.

135. PIERQUIN (Hubert). Le Poème Anglo Saxon de Beowulf. Texte et trad. Notes, index, bibliographie rythmique, grammaire, Lexique. *Paris, A. Picard*, 1912. — Recueil général des Chartes Anglo-Saxonnes. Les Saxons en Angleterre (604-1061). *Paris, A. Picard*, 1912. — 2 vol. in-8, br.

136. QUATRELLES. A coups de fusil, ouvrage illustré de trente dess. originaux hors texte par A. de Neuville. *Paris, Charpentier*, 1877, in-4, cart. toile, fers spéciaux, tr. dor.

Premier tirage. Envoi de Alphonse de Neuville à Edouard Detaille.

137. QUATRELLES. La Dame de Gai-Fredon, illustrations d'après les aquarelles et les dessins d'Eug. Courboin. *Paris, Hachette*, 1884. — Contes et histoires pour les enfants. Richilde ou le Miroir magique, conte de Musœus, trad. par Daffry de La Monnoie, illustré par Georges Jeanniot. *Paris, Didot*, 1882. — Les Cinq sous d'Isaac Laquedem, le Juif Errant, texte par Aimé Giron, illustré par Henri Pille. *Paris, Didot*, 1883. — Ens. 3 albums in-4, cart.

138. QUEVEDO (Francisco de). Histoire de Pablo de Ségovie. Traduction Germond de Lavigne, illustrée de nombreux dessins par D. Vierge. *Paris, Bonhoure*, 1882, in-8, demi-rel. chag. fauve, tête dor., non rogn., couv. c ons.

Premier tirage des dessins de D. Vierge.

139. REBOUL (M.). Mes Souvenirs de 1814 et 1815, par M*** (Reboul). *Paris, Eymery*, 1824, in-8, cart., dos et coins de toile, non rogn. (*Durvand-Thivet*).

Rousseurs.

140. RHUNE (Michel). L'Ile enchantée, conte d'après Shakespeare, illustré par Edmond Dulac. *Paris, Piazza, s. d.*, gr. in-8, fig en couleur, demi-rel., dos et coins de maroq. bleu, tête dorée, non rogn., couv. cons.

141. RICHARD (Jules). L'Art de former une bibliothèque. *Paris, Rouveyre*, 1883, in-8, demi-rel. mar. vert, non rogn., couv. cons. (*Franz*).

Un des 20 exemplaires num. sur papier de Chine. Envoi d'auteur,

142. SARDOU (Victorien). La Haine, drame en cinq actes, musique de J. Offenbach. *Paris, Lévy*, 1875, in-8, br.

Edition originale. Exemplaire imprimé sur papier vélin, portant sur le faux-titre, la signature autog. de Victorien Sardou.

143. SECOND (Albéric). Les petits Mystères de l'Opéra, illustrations par Gavarni. *Paris, Kugelmann*, 1844, in-8, fig., demi-rel. chag. rouge, tête jasp., tr. ébarb., couv. ill. cons. — Boigne (Charles de). Petits mémoires de l'Opéra. *Paris, Lib. Nouvelle*, 1857, in-12, demi-rel., tête jasp.,non rogn., couv. cons. —Ens. 2 vol. in-8 et in-12, demi-rel.

144. SIMOND (Charles). La vie parisienne à travers le XIXᵉ siècle. *Paris,* de 1800 à 1900, d'après les estampes et les mémoires du temps. Ouvrage illustré de 4.000 gravures. *Paris, Plon*, 1900-1901, 3 vol. gr. in-8, fig., cart. toile, fers spéciaux.

145. SOUBIES (Albert). Almanach des spectacles. Années 1902 à
1911. *Paris, Flammarion*, 1903-1912, 10 vol. in-18, eaux-fortes
par Lalauze, Laguillermie, etc., br.

> Un des 10 exemplaires num. SUR PAPIER DE CHINE.
> On y joindra l'année 1907, sur papier de Hollande, avec envoi
> d'auteur.

146. SOUBIES (Albert). Histoire de la musique. *Paris, Flammarion*,
15 vol. in-18, fig., br.

> Belgique, 2 vol. — Hollande. — Etats Scandinaves, 3 vol. — Iles
> Britanniques, 2 vol. — Bohème. — Portugal. — Hongrie. — Suisse.
> — Espagne, 3 vol. Envois d'auteur.

147. STAAL (Mme de). Mémoires de Madame de Staal (Mademoiselle
Delaunay). Un portrait et trente compositions de C. Delort, gr.
au burin et à l'eau-forte par Boisson. *Paris, Conquet*, 1891, in-8,
fig., demi-rel. veau-fauvé, dos orné, tête dorée, non rogn., couv.
cons. (*Durvand-Thivet*).

> Exemplaire imprimé sur PAPIER DU JAPON, non num., offert à Ed.
> Detaille.

148. STERNE (L.). Voyage sentimental en France et en Italie. Traduction nouvelle et notice de M. Emile Blémont. Illustrations de
Maurice Leloir comprenant 220 dessins dans le texte et
12 grandes compositions hors texte. *Paris, Launette*, 1884, in-4,
fig., demi-rel. maroq. vert, tête dorée, non rogn., couv. ill. cons.

149. SUE (Eugène). Le Juif Errant, illustré par Gavarni. *Paris, Paulin*, 1845, 4 tomes en 2 vol. gr. in-8, fig., demi-rel. mar. violet,
tr. jasp.

> Premier tirage des illustrations de Gavarni. Lég. mouillure à une
> planche.

150. TEGNER Udgave af Ludwig Holberg. Samtlige Comoedire. *Kjo-
benhavn*, 1896, 2 vol. in-4, fig., cart., non rogn.

151. THÉATRE. Réunion de 42 pièces de théâtre, relatives aux généraux et aux principaux événements de la 1re République et de

l'Empire, par Anicet Bourgeois, Labrousse, Alex. Dumas, Desnoyer, D'Ennery. En 7 vol. in-4 et in-8, cart. demi-toile.

152. THEURIET (André). Reine des bois, illustré par Laurent-Desrousseaux. *Paris, Boussod-Valadon*, in-4, br.

153. TOUCHATOUT. Le Trocaderoscope. Revue tintamaresque de l'Exposition universelle. Dessins de Alfred Le Petit. *Paris*, 1878. — Vibert (J.-G.). Les chapeaux, conférence faite au Théâtre des Variétés par Berthelier. *Paris, Lévy*, 1874, plaq. in-4. — Un drame dans une carafe, par Ed. de Beaumont. Dessins par Louis Leloir. *Paris, Libr. des Bibliophiles*, 1882. — Ens. 2 vol. et 1 plaq. in-8 et in-4, demi-rel. et cart.

154. TOUDOUZE, MAURICE LELOIR. Le Roy Soleil. *Paris, Combet*, 1904, in-4. Chromotypogravures, cart. toile, tr. dor.

155. TOUR DU MONDE (Le). Nouveau journal des voyages, publié sous la direction de M. Edouard Charton et illustré par nos plus célèbres artistes de l'origine (1860) à 1878, 19 années en 19 vol. in-4, fig., demi-rel. chag. rouge, dos ornés, tr. rouges.

156. VAUFRELAND (Henri de). The Pau hounds. Will Meet, 1905, 1 titre et 12 planches, pet. in-fol. oblong. — Croquis de Saint Cyr. 1 titre et 22 planches, in-4 oblong. — Mars, compères et compagnons. *Paris, Plon, s. d.* — Walter Crane : The Baby's bouquet. — The Baby's opéra. — Kate Greenaway. Mothere Goose or the old nursery, rhymes. — Ens. 6 albums in-folio, in-4 et in-8, cart.

Envois des dessinateurs aux trois premiers albums.

157. VIBERT (Jehan-Georges). La Comédie en peinture. *Paris, Arthur Tooth*, 1902, 2 vol. in-4, nombr. fig., br.

Exemplaire imprimé pour M. Ed. Detaille. Envoi de Madame Vibert.

158. VIE ÉLÉGANTE (La). *Paris, Libr. illustrée*, 1882, 2 vol. in-8, demi-rel. chag. jaune, têtes dor., non rogn.

> 2 frontispices de Rops, illustrations de Mars, Bac, Robida, etc.

159. VIGNY (A. de). Stello, avec une introduction de Jules Case. *Paris, Société artistique du livre illustré*, 1901, in-8, fig. de Georges Scott, gr. sur bois par E. Dété, br.

> Exemplaire non numéroté. Envoi de Georges Scott à Ed. Detaille.

160. VOYAGE où il vous plaira, par Tony Johannot, A. de Musset et P.-J. Stahl. *Paris, Hetzel*, 1843, gr. in-8, fig., cart. toile, tr. ébarb.

> Premier tirage des illustrations de Tony Johannot.

161. WILLIS (N.-P.). L'Amérique pittoresque, ou vues des terres, des lacs et des fleuves des Etats-Unis d'Amérique. *Londres*, 1840, 2 vol. in-4, nomb. fig. gr. sur acier, demi-rel. veau fauve, dos ornés, non rogn.

> Lég. mouillures.

162. WILLY (Colette). Dialogues de bêtes. *Paris, Mercure de France*, 1904, pet. in-12, br.

> Edition originale portant un envoi autog. de l'auteur à Ed. Detaille.

BEAUX-ARTS

163. ARCHITECTURE de la Renaissance. Le Château de Blois.
(Extérieur et intérieur). Texte historique et descriptif par Le
Nail. *Paris, Ducher*, 1875, in-fol., 60 pl. dont 24 en couleur, en
feuilles. — Edm. Radet. La Renaissance française au Prieuré
de Bouche-D'Aigre (Eure-et-Loir). *Paris, Plon*, 1902, 8 pl. in-4,
br. — Magne. Le Parthenon. *Paris*, 1895, in-4, fig., br. — Ens.
3 vol.

164. ARMSTRONG (Sir Walter). Sir Henry Raeburn. Avec une
introduction par A. M. Stevenson et un catalogue biographique
et descriptif par J. L. Caw. Trad. par B.-H. Gausseron. *Paris,
Hachette*, 1902, in-fol., nombr. fig., cart. toile, tête dor., non
rogn.

165. ART CONTEMPORAIN (L'). Peintres et sculpteurs. *Paris,
Ateliers de Reprod. artistiques, s. d.*, 312 planches en photo-
typie, en 6 vol. in-folio, demi-rel. mar. grenat, têtes dorées,
non rogn.

Les 78 premières planches sont sans notice.

166. ART (L') et les Artistes, revue mensuelle d'art ancien et
moderne sous la direction de M. Arm. Dayot, de l'origine n° 1,
avril 1905, au n° 36, mars 1908, en livr.

167. AUQUIER (Philippe). Pierre Puget, décorateur naval et mari-
niste. Etude historique sur les travaux du maître à l'Arsenal de
Toulon. Catalogue détaillé des dessins de décoration et vues de

mer. 36 planches hors texte. *Paris, Longuet, s. d.*, gr. in-4, en feuilles, dans un emboîtage.

168. **BELLIER DE LA CHAVIGNERIE.** Dictionnaire général des artistes de l'école française depuis l'origine des arts du dessin jusqu'à nos jours. Ouvrage commencé par Bellier de la Chavignerie, continué par Louis Auvray. *Paris*, 1882, 3 vol. in-8, br.

169. **BIBLIOTHÈQUE** de l'Enseignement des Beaux-Arts, publiée sous la direction de M. Jules Comte. *Paris, Quantin, s. d.*, 50 vol. in-8, fig., dont 47 cart., fers spéciaux et 3 br.

> On y joindra. Roger Peyre. Histoire Générale des Beaux-Arts. *Paris, Delagrave*, 1894, pet. in-8, fig., cart. Envoi d'auteur.

170. **BIOGRAPHIES D'ARTISTES.** 7 vol. ou plaq. demi-rel., cart. et br.

> Champfleury. Le peintre ordinaire de Gaspard Deburau (Auguste Bouquet). *Paris, Imp. de l'art*, 1889, port. — François-Louis Français. Causeries et Souvenirs par un de ses élèves (Aimé Gros). *Paris, Libr. Imp. réunies*, 1902, fig. — Brard : Eugène Fromentin. *La Rochelle*, 1902. — Le Peintre François Bonvin. Lettres et souvenirs. *Blois*, 1897. — Becq de Fouquières. I.-Al.-Auguste Pils, sa vie et ses œuvres. *Paris, Charpentier*, 1876. — Peintres d'Aujourd'hui. Alfred Roll. *Paris, Juven, s. d.*, fig. — Mme Régamey : Quatre ans d'Alsace. Frédéric Régamey (Extrait de la Revue Alsacienne), 1902, fig.
> Envoi d'auteur à 3 volumes.

171. **CHANTILLY.** Notices des Peintures, par F.-A. Gruyer. *Paris, Plon*, 1900-1902, 4 vol. in-4, planches en héliog., br.

> Les Quarante Fouquet. — Ecole Française. — Ecoles étrangères. — Les portraits de Carmontelle.
> Exemplaire réservé, imprimé pour M. Ed. Detaille.

172. **CHANTILLY.** Le Cabinet des livres. Manuscrits. *Paris, Plon*, 1900-1911, 4 vol. in-4, planches en héliog., br.

> Exemplaire imprimé pour M. Ed. Detaille.
> On y joindra : Ed. Radet. Souvenirs d'hier, deux visites à Chantilly. *Paris, Plon*, 1912, plaq. in-8, br.

173. CHARLET, sa vie, ses lettres, suivi d'une description raisonnée de son œuvre lithographique, par de La Combe. *Paris, Paulin,* 1856, in-8, port., demi-rel.

> Envoi de l'auteur à A. Noël.

174. CHEFS-D'ŒUVRE D'ART (Les) à l'Exposition universelle, 1878. Sous la direction de M. E. Bergerat. *Paris, Baschet,* 1878, 2 vol. in-folio, nombr. fig. et planches en photogravure, demi-rel. mar. bleu, têtes dorées, non rogn. *(Franz).*

175. CORRESPONDANCE des Directeurs de l'Académie de France à Rome avec les surintendants des bâtiments publ. par de Montaiglon, 1666-1804. *Paris, Charavay,* 1887-1908, 17 vol. in-8. — Liste des pensionnaires de l'Académie de France à Rome de 1663-1907 par J. Guiffrey. — Ens. 18 vol. in-8, br.

176. CROQUIS. Carnet de croquis à la mine de plomb, quelques-uns rehaussés de lavis, exécutés à la fin du xviiie siècle. Plans et détails d'architecture, croquis d'après l'antique, nombreuses esquisses de paysages et de figures, études de mouvements, etc., 88 ff. in-8, rel. vélin *(Rel. anc.).*

> Le premier f. porte la note manuscrite suivante, d'une écriture du commencement du xixe siècle : « Ces croquis appartenaient à Dumoulin, peintre et architecte (Grand Prix). Il faisait partie du corps des savants attachés à l'Armée d'Egypte. Il fut assassiné en abordant en Sicile. »

177. DAS MUSEUM, eine anleitung zum Genuss Der werke bildender kunst von W. Spemann mit beiträgen von W. Bode. Friedlander, Gronau, Kaemmerer, Seidlitz, Thième, Wolfflin, etc. Herausgegeben von R. Graul und Rich Stettiner. *Berlin, Spemann, s. d.,* 7 vol. in-fol., cart. toile.

> Important ouvrage outre les illustrations dans le texte, il contient 1.120 planches hors texte, reproduisant les chefs-d'œuvre de la Sculpture et de la peinture ancienne et moderne.

178. DAYOT (Armand). Les Vernet. Joseph, Carle, Horace. *Paris,*

Magnier, 1898, in-4, nomb. reprod., br. — Lagrange (Léon). Joseph Vernet et la peinture au xviiie siècle. *Paris, Didier,* 1864, in-12, demi-rel. — Ens. 2 vol. in-4, demi-rel. et br.

Envoi d'auteur au premier volume.

179. DELACROIX (Eugène). Lettres. 1815 à 1863, recueillies et publiées par M. Philippe Burty, avec fac-simile de lettres et de palettes. *Paris, Quantin,* 1878, in-8, port. et fac-simile, cart. toile, non rogn.

Edition originale.

180. DIE KUNST, monatshefte für freie und angewandte Kunst. *München,* 1899-1908. 7 années en 14 vol. in-4, nomb. fig., cart. toile, fers spéciaux.

Les années 1901-1902 et 1904-1905 manquent.

181. DUMAS (Alexandre). Une vie d'artiste, illustrations de Gaston Mélingue. *Paris, Calmann-Lévy,* 1902, in-8, fig., br.

182. EXPOSITION UNIVERSELLE de 1900. Rapport général administratif et technique par Alfred Picard. *Paris, Imp. Nationale,* 1902-1903, 8 vol. in-4, fig. et plans. — Rapports du jury international. *Paris, Imp. nationale,* 1903-1906, 5 tomes en 7 vol. in-4. — Ens. 15 vol. in-4, fig., br.

183. FEBVRE (Fr.) et T. Johnson. Album de la Comédie-Française, dédié à S. A. R. le Prince de Galles. *Paris, Ollendorff,* 1880, in-4, port., demi-rel. maroq. vert, plats toile, tr. dorées.

Exemplaire portant un envoi autog. de Frédéric Febvre à Edouard Detaille et contenant le fac-similé d'une lettre d'Alexandre Dumas fils, adressée au Prince de Galles pour le remercier d'avoir accepté l'offre de *L'Album de la Comédie Française.* La reliure porte, frappé en or sur le plat recto : A Edouard Detaille. Frédéric Febvre.

184. GALERIE historique du Palais de Versailles. Album. *Paris, Garnier,* 1853, 100 pl. gr. — Beylié (Général de). Le Musée de Grenoble. *Paris, Laurens,* 1906, fig. — Wrangell. Les Chefs-

d'œuvre de la Galerie de tableaux de l'Ermitage à St-Péters-
bourg. *Munich, Hanfstaengl, s. d.,* nomb. reprod. — Ens. 3 vol.
in-4, et gr. in-8, demi-rel., cart. et br.

    Envoi du général de Beylié.

185. **GRAND-CARTERET** (John). L'Enseigne, son histoire, sa phi-
losophie, ses particularités. Les boutiques, les maisons, la rue,
la réclame commerciale à Lyon. Croquis de Gustave Girrane,
estampes documentaires et pièces anciennes. *Grenoble et Mou-
tiers,* 1902, in-4, fig. en noir et en couleur, br.

    Exemplaire num. imprimé sur PAPIER DU JAPON pour M. Ed. Detaille.

186. **HANFSTAENGLS MALER-KLASSIKER** die meisterwerke der
bedeutendsten galerien Europas. *München, Franz Hanfstaengl,
s. d.,* 5 vol. in-4, nomb. reprod., cart., fers spéciaux.

    Cassel. — Dresden. — Amsterdam. — Haarlem. — National Gal-
lery.

187. **HAREUX** (Ernest). Cours complet de peinture à l'huile (L'Art,
la science, le métier du Peintre). *Paris, Renouard, s. d.,* 2 vol.
— Cremer Studien zur Geschichte der oelfarbentechnik. *Dusseldorf,* 1895. — Untersuchungen über den Beginn der Oelmalerei.
Dusseldorf, 1899. — Grosclaude-Bodenstein. Méthode pratique
de perspective, appliquée au dessin d'après nature. *Antibes,*
1906. — Vernet (Horace). Du droit des peintres et des sculpteurs sur leurs ouvrages (extrait de revue). — Ens. 4 vol. et
2 plaq. in-4 et in-8, rel. et br.

188. **JACQUEMART** (Albert). Histoire du Mobilier. Recherches et
notes sur les objets d'art. Ouvrage contenant 200 eaux-fortes ty-
pographiques, par J. Jacquemart. *Paris, Hachette,* 1876, in-8,
demi-rel. maroq. rouge, tête dor., non rogn.

189. **KASTNER** (Georges). Manuel général de musique militaire à
l'usage des Armées françaises. *Paris, Didot,* 1848, in-4, nombr.
pl. d'instruments, musique, br.

190. KLASSISCHER BILDERSCHATZ. Herausgegeben von F. v. Reber und Ad. Bayersdorfer. *München*, 1890, 12 vol. in-4, 1728 pl., cart.

   Reproduction des chefs-d'œuvre de la peinture de toutes les écoles.

191. LAMI (Stanislas). Dictionnaire des sculpteurs de l'Ecole Française du moyen âge au règne de Louis XIV. Règne de Louis XIV. Dix-huitième siècle, tome II. *Paris, Champion*, 1898 à 1911, 3 vol. in-4, br. — Yriarte (Charles). Journal d'un sculpteur florentin au xve siècle. Livre de Souvenirs de Maso di Bartolommeo, dit Masaccio. Ouvrage orné de 47 illustrations. *Paris, Rothschild*, 1894, in-4, fig. — Hayaux du Tilly. Notice sur la Vénus de Milo. *Paris, Dupont*, 1894, plaq. in-8. — Ens. 4 vol. in-4 et in-8, et 1 plaq. in-8, br.

   Envois d'auteur.

192. LA LYRE. Collection de Croquis, dessins et études de nu par le peintre Ad. La Lyre, classés et mis en ordre par l'auteur. *Paris, Guérinet, s. d.*, 3 vol. gr. in-4, 195 planches en feuilles.

   Première, deuxième et troisième séries. La 1re est tirée à trente exemplaires num. Ex. imprimé pour M. Ed. Detaille.

193. LAPAUZE (Henry). Ingres, sa vie et son œuvre (1780-1867), d'après des documents inédits. Ouvrage illustré de 400 reproductions, dont 11 en héliogravure. *Paris, Georges Petit*, 1911, in-4, fig., br., couv. ill.

   Envoi d'auteur.

194. MANUSCRITS (Les) de Léonard de Vinci. Manuscrits H de la Bibliothèque de l'Institut et Ash. 2038 et 2037 de la Bibliothèque Nationale, publiés en fac-similés avec transcriptions. Trad. Tables, par Ravaisson-Mollien. *Paris, Quantin*, 1881, in-fol. fig., br.

195. MARCEL (Pierre). La Peinture Française au début du xviiie siècle, 1690-1721. *Paris, Quantin, s. d.*, in-4, nomb. reprod. — Les Maîtres de l'Art. Charles Le Brun. *Paris, Plon, s. d.*, fig.

— Portalis (Baron Roger). Adélaïde Labille-Guiard, 1749-1803. *Paris, Rapilly*, 1902. — Ens. 3 vol. in-4. br.

Envoi d'auteur au premier volume.

196. MEISSONIER, par Gustave Larroumet, étude suivie d'une biographie par Philippe Burty. *Paris, Baschet, s. d.*, fig. — J.-L.-E. Meissonier, his life and work, by Lionel Robinson. *London*, 1887, fig. — Ens. 2 vol. in-4, fig., cart.

Envoi d'auteur au premier volume.

197. MEISSONIER (J.-L. Ernest). Ses Souvenirs, ses Entretiens, précédés d'une étude sur sa vie et son œuvre par M. O. Gréard. *Paris, Hachette*, 1897, gr. in-8, mar. noir à long grain, dos orné, fers spéciaux, tr. dorées.

198. MENZEL (Ad.). Maîtres modernes. Adolphe Menzel (avril 1885). Etude par F.-G. Dumas. *Paris, Baschet, s. d.*, pet. in-folio, planches, en feuilles. — Kleist : Der Zerbrochene Frug, mit 30 illustrationen und 4 photographein, nach original composi-tionen von Adolphe Menzel. *Berlin, Hofmann, s. d.*, in-folio, demi-rel. chag. vert, plats toile, fers spéciaux. — Ens. 2 albums in-folio.

199. MICHEL (Emile). Rembrandt, sa vie, son œuvre et son temps, ouvrage contenant 345 reproductions directes d'après les œuvres du maître. *Paris, Hachette*, 1893, in-4, br.

200. MONOGRAPHIES D'ARTISTES. 4 vol. gr. in-8, fig., cart.

Supino : Sandro Botticelli, trad. de l'italien par M. J. de Crozals. *Florence*, 1900. — Reymond (Marcel). Les Della Robbia. *Florence*, 1897. — Sir Joshua Reynolds. *London, Georges Newnes, s. d.* — Some account of the « Gibbs-Channing », portrait of George Washington, painted by Gilbert Stuart. *New-York*, 1900.

201. MONTROSIER (Eugène). Salon des aquarellistes Français. Première année. *Paris, Launette*, 1887, in-4, nomb. planches en héliog., br. — L'Exposition des Beaux-Arts (Salon de 1880),

comprenant 34 planches en photogravure, 64 dessins hors texte, etc. *Paris, Baschet,* 1880. — Ens. 2 vol. in-4, fig., cart. toile et br.

202. NORMAND (Charles). Lettres Egyptiaques. *Publié par les soins de l'Ami des Monuments et des Arts, s. d.,* in-18, fig., mar. vert, dent., dos orné, dent. intér., tête dorée, non rogn.

> Charmant volume entièrement tiré en taille-douce et non mis dans le commerce. Il est illustré d'héliogravures dans le texte et de croquis marginaux gravés à l'eau-forte par A. Robida. Envoi de Ch. Normand à Ed. Detaille.

203. RACINET. L'Ornement polychrome. Cent planches en couleurs, or et argent, contenant environ 2.000 motifs de tous les styles. *Paris, Didot, s. d.,* petit in-folio, en feuilles.

204. RAFFET, son œuvre lithographique et ses eaux-fortes, suivi de la bibliographie complète des ouvrages illustrés de vignettes d'après ses dessins, par H. Giacomelli. Orné d'eaux-fortes inédites par Raffet et de son portrait, par M. J. Braquemond. *Paris, Bureaux de la Gazette des Beaux-Arts,* 1862, in-8, fig. et port., demi-rel., dos et coins de maroq. bleu, tête dorée, non rogn. (*Franz*). — Bry (Auguste). Raffet, sa vie et ses œuvres, accompagné de deux portraits de Raffet lithographiés, de deux eaux-fortes inédites et de quatre fac-simile. *Paris, Dentu,* 1861, in-8, fig. et port., demi-rel. mar. vert à long grain, non rogn., couv. cons. — Ens. 2 vol. in-8, demi-rel.

> Le premier vol. est un des 20 exemplaires sur papier de Hollande, avec les fig. tirées sur papier de Chine et le port. en double état : avant et avec la lettre.
> Envois de M. H. Giacomelli à Ed. Detaille et de Bry à Emile Vernier.

205. REVUE DE L'ART (La) ancien et moderne. Directeur Jules Comte. *Paris,* 1897-1912, 16 années dont 2 en 4 vol. demi-rel. maroq. rouge, têtes dorées, non rogn., les autres en livraisons.

> Le n° 29 (10 août 1899) manque.

206. RICHER (Paul). L'Art et la médecine. *Paris, Gaultier, s. d.*,
in-4, fig. — Notices sur les titres et travaux scientifiques de
M. le Dr P. Richer. *Paris,* 1896, in-4, fig. — Nouvelle anatomie
du corps humain. *Paris,* 1906, in-12. — Cuyer. Anatomie artistique des animaux. *Paris, Baillière,* 1903, in-8. — Ens. 4 vol., br.

207. SALON. Explication des ouvrages de peinture, sculpture, architecture, gravure et lithographie des artistes vivants. Société des
Artistes Français, 1855 à 1912, 52 vol. in-12, dont 28 cart., 6 br.
et 18 (1895 à 1912) rel. maroq. vert, filets et fleurons, têtes
dorées, non rogn.

> Les 16 dernières années sont imprimées sur papier fort et portent
> sur le plat de la rel. l'inscription : M. Ed. Detaille, membre de l'Insti-
> tut, président de la Société des Artistes Français.
> Les années 1856, 58, 60, 62, 63 et 65 manquent.
> On y joindra les années 1867 à 1881, en double, br., et les comptes
> rendus mensuels de la Société des Artistes Français, années 1890
> à 1901 (moins 1893), 11 vol. in-8, cart. toile.

208. SALON. Catalogue illustré du Salon, publié sous la direction
de F.-G. Dumas. *Paris, Baschet,* 1879-1912, 11 vol. in-8, demi-
rel. et cart.

> Années 1879, 1880 à 1883, 1890, 1894 à 1897, 1912.
> 1879 est un exemplaire d'artiste, contenant les eaux-fortes tirées
> sur papier du Japon (en feuilles). L'année 1895 est sur grand papier
> vélin.

209. SOCIÉTÉ D'AQUARELLISTES Français. Première (à dix-huitième) exposition. *Paris, Imp. Jouaust et G. Petit,* 1879-1896,
18 vol. in-4, fig. — Catalogue of an exhibition of water colour
drawings executed by members of La Société des Aquarellistes
français and others. *London, Goupil,* 1881, fig. — Ens. 19 vol.
in-4, fig., demi-rel. maroq. brun, tête dorées, non rog.

> Exemplaires imprimés sur PAPIER DU JAPON.

210. SOCIÉTÉ D'AQUARELLISTES français, ouvrage d'art publié
avec le concours artistique de tous les sociétaires. Texte par les
principaux critiques d'art. *Paris, Launette,* 1883, 2 vol. in-folio,

nomb. planches, demi-rel., dos et coins de maroq. brun, dos ornés, têtes dorées, non rogn. (*Durvand-Thivet*).

> Publication de grand luxe, tirée à 110 exemplaires num. sur papier du Japon.
>
> Exemplaire num. imprimé pour M. Edouard Detaille.

211. **SOCIÉTÉ FRANÇAISE des Amis des Arts.** *Paris*, 1898-1911, 7 annnées, in-folio, planches gr. à l'eau-forte, en feuilles.

> Années 1898, 1901, 1906, 1907, 1909, 1910 et 1911.
>
> Exemplaire imprimé sur papier du Japon. On y joindra 11 années de 1898 à 1911, sur papier ordinaire.

212. **VACHON (Marius).** La Renaissance Française. L'Architecture nationale, les grands maîtres maçons. Préface de H. Daumet. *Paris, Flammarion, s. d.*, fig. — Une famille parisienne de Maistres-Maçons aux xve, xvie, xviie siècles. Les Chambiges. *Paris, La Construction moderne, s. d.*, fig. — Daumet. Le Château de Saint-Germain-en-Laye. *Paris, Schmid*, 1905, fig. — Bousson. La vie et les œuvres de l'architecte Gabriel (1698-1782). *Paris*, 1894. — Ens. 3 vol. in-4 et 1 plaq. in-8, br.

> Envoi d'auteur au second volume.

213. **VACHON (Marius).** Detaille. *Paris, Lahure*, 1898, in-4, nomb. reprod., demi-rel. maroq. bleu, dos orné, tête dorée, non rogn. (*Franz*).

> Exemplaire d'artiste, spécialement imprimé pour M. Edouard Detaille contenant les planches supplémentaires hors texte en couleur (sauf une) en 2 états : avant et avec la lettre.

214. **VIOLLET-LE-DUC.** Dictionnaire raisonné de l'Architecture française du xie au xvie siècle. *Paris, Morel,* 1868-1873, 10 vol. in-8, port. et nomb. fig., demi-rel. chag. rouge, dos ornés, têtes dorées, ébarb.

> Déchirure à un f.

215. **VIOLLET-LE-DUC.** Dictionnaire raisonné du mobilier français de l'époque Carlovingienne à la Renaissance. *Paris, Morel*, 1868, 6 vol. in-8, nombr. fig., demi-rel. chag. rouge, têtes dor., ébarbés.

HISTOIRE

216. ALBY (Ernest). Histoire des prisonniers français en Afrique, depuis la conquête. *Paris, Desessart,* 1847, 2 vol. — Pègues (J.-L.). Combat de Sidi-Brahim et défense héroïque du Marabout. Septembre 1845. *Alger,* 1887, fig. — Bocher (Charles). Lettres et récits militaires. Afrique et armée d'Orient. *Paris, Lévy,* 1897. — Ens. 4 vol. in-8, demi-rel. et cart.

Longue dédicace autog. de Charles Bocher à Ed. Detaille.

217. ALMANAC (Sic) de Gotha pour l'année 1815. *Gotha, Ettinger,* in-18, 8 port. et 4 fig., cart. papier, tr. dorées (*Cart. original fatigué*).

218. ANTOMMARCHI. Mémoires du docteur F. Antommarchi, ou les derniers momens de Napoléon. *Paris, Barrois,* 1825, 2 vol. in-8. — Las Cases : Journal écrit à bord de la Frégate *La Belle-Poule. Paris, Delloye,* 1841, in-8, fig., cart. demi-toile, non rogn., couv. cons. (*Durvand-Thivet*). —Ens. 3 vol. in-8, demi-rel. et cart.

L'atlas du premier ouvrage manque.

219. ANTOMMARCHI. Mémoires du docteur F. Antommarchi ou les derniers momens de Napoléon. *Paris, Barrois,* 1825, 2 vol. in-8, demi-rel. — Gourgaud (Général Baron). Sainte-Hélène. Journal inédit de 1815 à 1818, avec préface et notes par MM. le Vicomte de Grouchy et Ant. Guillois. *Paris, Flammarion, s. d.,* 2 vol. in-8, br. —Ens. 4 vol. demi-rel. et br.

Envoi du vicomte de Grouchy. L'atlas du 1er ouvrage manque.

220. ARNAULT (A.-V.). Souvenirs d'un Sexagénaire. *Paris, Dufey*, 1833, 4 vol. in-8, demi-rel. mar. vert, tr. jasp.

Envoi de M. Pol Arnault à Ed. Detaille.

221. ARTHUR-LÉVY. Napoléon intime. *Paris, Plon,* 1893, in-8, demi-rel. mar. vert, dos orné, tête dorée, non rogn., couv. cons. (*Franz*).

Exemplaire imprimé sur papier de Hollande, portant sur le faux-titre un envoi de l'auteur. *Au grand peintre des épopées nationales, à Ed. Detaille.*

222. ARTHUR-LÉVY. Napoléon intime. *Paris, Nelson, s. d.*, in-12, front. par Ed. Detaille, mar. vert, compart. de filets, abeille aux angles, N couronné au centre, dos orné semis d'abeille, doublé de tabis, dent. intér., étui (*Wendling*).

Exemplaire tiré spécialement pour M. Edouard Detaille.

223. ARTHUR-LÉVY. Napoléon et la Paix. *Paris, Plon*, 1902, in-8, br.

Exemplaire imprimé sur grand papier vélin. Envoi d'auteur.

224. ATLAS. Silesiae id est Ducatus Silesiae generaliter quatuor mappis nec non specialiter XVI mappis tot principatus repraesentantibus geographice exhibitus. Addita praefatione qua da historia hujus Atlantis. Auctoritate publica in lucem emissus ab Homannianis heredibus. *Norinbergae*, 1750, in-folio, titre, table et 40 grandes cartes doubles, avec vignettes et légendes gr., rel. souple en maroquin rouge à rabat, milieux et dent. à froid (*Rel. anc.*).

Très curieux atlas de campagne plié en deux dans le sens de la hauteur. Les cordons qui servaient à le transporter existent. On lit sur la garde l'ex-dono suivant : *A M. Fabre d'Eglantine, gage d'amitié et de reconnaissance de J.-B.-C. Entheaume. Anvers, 1813.*
Taches d'encre à la reliure et aux marges. Mouillures.

225. AZAN (Paul). Récits d'Afrique. Sidi-Brahim. *Paris, Lavauzelle, s. d.*, fig. — Pègues (J.-L.). Combat de Sidi-Brahim et défense

héroïque du Marabout, septembre 1845. *Alger*, 1887, fig. —
Richard (Lieutenant). Les Chasseurs à Pied. Isly, Sidi-Brahim, etc.
Paris, 1891. — Bocher (Charles). Lettres et récits militaires.
Afrique et armée d'Orient. *Paris, Lévy*, 1897. — Ens. 4 vol.
in-8, demi-rel. et br.

> Envoi d'auteur à 2 volumes, longue dédicace autog. de Charles
> Bocher à Ed. Detaille.
> On y joindra 2 plaq. relatives à Sidi-Brahim et à la bataillle d'Isly.

226. BACHELIN (A.). Alexandre Berthier, prince et duc souverain
de Neuchatel. La Principauté de Neuchatel (1806-1814) et le bataillon de Neuchatel. notice historique par A. Bachelin. *Neuchatel, s. d.*, in-4, port et pl. — Le Centenaire d'Austerlitz,
1805-1905, par le commandant Emm. Martin. *Paris, Leroy*, 1905,
in-4, port et fig. — Langlois : Relation du combat et de la
bataille d'Eylau. *Paris*, 1846. — Marnier : Souvenirs de guerre
en temps de paix. 1793-1806-1823-1862. *Paris*, 1868. — Ens.
4 vol. in-4 et in-8, demi-rel. et br.

> Le Centenaire d'Austerlitz est un des 10 exemplaires num. sur
> papier du Japon. Envoi d'auteur.

227. BARANTE (De). Histoire des Ducs de Bourgogne de la Maison
de Valois. 1364-1477. *Paris, Dufey*, 1837-1838, 12 vol. in-8, fig.
et cartes, demi-rel. veau bleu, dos ornés, tr. marb. (*Rel. de l'é-
poque*).

> Bel exemplaire avec les figures et les tirages à part des vignettes
> sur papier de Chine.

228. BASSANO (Le duc de). Souvenirs intimes de la Révolution et
de l'Empire. Recueillis et publiés par Madame Charlotte de Sor.
Paris, De Potter, 1843, 2 vol. in-8, demi-rel. veau fauve, tr.
jasp.

229. BAZANCOURT (De). L'Expédition de Crimée jusqu'à la prise
de Sébastopol. Chroniques de la Guerre d'Orient. *Paris,
Amyot*, 1856, 2 vol. — Fay (Ch.). Souvenirs de la Guerre de
Crimée. 1854-1856. *Paris Dumaine*, 1867, fig. et port. — Jour-

nal humoristique du siège de Sébastopol, par un artilleur. *Paris*,
1867, 2 vol. — Capoue en Crimée, épisodes du Journal humoristique du Siège de Sébastopol, par un artilleur. *Paris, Lévy*,
1869, 2 vol. — Noir (Louis). Campagnes de Crimée. L'Alma.
Paris, Faure, 1868. — Bocher (Charles). Lettres de Crimée.
Souvenirs de guerre. *Paris, Lévy*, 1877. — Ens. 9 vol. in-8 et
in-12, demi-rel.

230. BEAUCHAMP (Al. de). Histoire de la Campagne de 1814, et de
la Restauration de la Monarchie française. *Paris, Le Normant*,
1815, 2 vol. — Chronique des événements de 1814 et 1815, pour
servir à l'histoire du premier Empire et de la Restauration, recueillis par A. Pichot. *Paris, Delahays, s. d.* — Ens. 3 vol.
in-8, cart. demi-toile.

231. BERTHIER (Maréchal). Relation de la bataille de Marengo.
Rédigée par le Général Alex. Berthier. *Paris, Imp. Impériale*,
1805, in-8, front. par Vernet. 6 cartes grav., demi-rel.

> On y joindra Marengo et ses monuments in-8 de 48 p., fig., demi-rel.
> chag. vert aux Armes de l'empire.

232. BERTHIER (Maréchal). Mémoires du Maréchal Berthier, prince
de Neuchatel et de Wagram. Campagne d'Egypte. *Paris,
Baudouin*, 1827. — Mémoires du comte Reynier, général de Division (Tome 1er : Campagne d'Egypte). *Paris, Baudouin*, 1827. —
Miot (Jacques). Mémoires pour servir à l'histoire des expéditions
en Egypte et en Syrie, pendant les années VI-VII et VIII. *Paris,
Demonville*, 1804. — Thurman. Fragments de la relation du sé-
jour en Egypte, pendant toute la durée de l'expédition française.
Porrentruy, 1831. — Villiers du Terrage : Journal et souvenirs
sur l'expédition d'Egypte (1798-1801). *Paris, Plon*, 1899. —
Journal du capitaine François, dit le Dromadaire d'Egypte.
1792-1830. *Paris, Carrington*, 1903, 2 vol. — Langlois
(Colonel). Explication du Panorama, et relation de la bataille
des Pyramides extraite en partie des dictées de l'Empereur à
Sainte-Hélène. *Paris, Didot*, 1854. — Pajol (Comte). Kléber,

sa vie, sa correspondance. *Paris, Didot*, 1877, port. — Ens.
8 vol. in-8 ,demi-rel. et br.

> Envoi du Comte Pajol à Ed. Detaille.
> Déchirure à une planche du 1er volume.

233. BIGOT (Charles). Gloires et Souvenirs militaires. *Paris*, 1894,
fig. — Maurice Loir. Gloires et Souvenirs maritimes. *Paris*, 1895.
— 2 vol. gr. in-8, fig., demi-rel.

> Envoi.

234. BIRON VON CURLAND und A. Hindorf. Erinnerungs-Blätter aus dem Feldzuge in Böhmen und Mähren in Sommer, 1866.
Gera, 1878, 42 planches. — Erinnerungs-Blätter aus dem Feldzuge der Main-Armée 1866, nach Zeichnungen von Ludwig
Burger. *Gera*, 1878, 27 planches. — Ens. 2 albums en feuilles.

235. BLAZE (E.). La Vie militaire sous l'Empire ou mœurs de la garnison, du bivouac et de la caserne. *Paris, Bureau de l'album des
Théâtres*, 1837, 2 vol. — Du Casse. Le général Arrighi de Casa-
nova, duc de Padoue. *Paris, Dentu*, 1866, 2 vol. — Hulot. Souvenirs militaires du baron Hulot (Jacques-Louis), général d'artillerie. 1773-1843. *Paris, Le Spectateur militaire*, 1886. — Ro-
chechouart (Comte de). Souvenirs sur la Révolution, l'Empire et
la Restauration. *Paris, Plon*, 1889, port. — Mémoires politiques
et militaires du général Tercier (1770-1816), publiés par La Cha-
nonie. *Paris, Plon*, 1891. — Ens. 7 vol. in-8, demi-rel. et cart.

> Rousseurs aux deux premiers ouvrages.

236. BOIGNE. Mémoires de la comtesse de Boigne, née d'Osmond,
publiés par M. Charles Nicoullaud. *Paris, Plon*, 1909, 4 vol. in-8,
port., br.

237. BOIS-JOURDAIN. Mélanges historiques, satiriques et anecdotiques de M. de B.... Jourdain, contenant des détails ignorés ou
peu connus sur les événemens et les personnes marquantes de la
fin du règne de Louis XIV, des premières années de celui de

Louis XV, et de la Régence. *Paris, Chèvre*, 1807, 3 vol. in-8,
demi-rel. veau fauve, têtes dorées, dos ornés, non rogn. (*Durvant-Thivet*).

Raccommodage à un f.

238. BONAPARTE au Caire, ou Mémoires sur l'expédition de ce
général en Egypte, avec des détails curieux et instructifs sur
cette interéssante partie du globe, par un des savants embarqués
sur la flotte française. *Paris, Prault,* an VII (1799), port., demi-rel. — Chroniques impériales, par A. Barginet (de Grenoble).
Paris, Guillemin, 1833, front. sur Chine, cart. demi-toile, non
rog., couv. cons. (*Durvand-Thivet*).

239. BONNART (Médard). Histoire de Médard Bonnart. *Epernai,
Fievet*, 1828, 2 vol. in-8, cart., dos et coins de toile, non rogn.
(*Durvand-Thivet*).

Mémoires relatifs à la Révolution et à l'Empire, illustrés de
18 planches de fac-similé, port. et costumes. Lég. mouillures. Les
2 vol. ont été transpercés par un clou.

240. BOSQUET. Lettres du maréchal Bosquet, 1830-1858. *Paris,
Berger, Levrault*, 1894, port. — Campagnes du Feldmaréchal
comte Radetzky dans le nord de l'Italie en 1848-49. *Paris,
Furne*, 1854, cartes. — Le Général Espinasse, notice biographique (par P. Maldan). *Paris*, 1864. — Bona : Vie du général
Drouot. *Paris, s. d.* — Ens. 4 vol. in-8, cart. et demi-rel.

Envoi du Général Fay au premier volume.

241. BOTTET (Maurice). Autour de la Légion d'Honneur, précis
anecdotique de l'histoire des récompenses militaires en France,
1693-1872. *Paris, Flammarion, s. d.*, planches. — La Légion
d'Honneur et les décorations françaises. *Paris, Mendel*, 1911,
planches. — Taurignac : L'Ordre Impérial des trois Toisons
d'Or. *Paris, Leroy*, 1907. — Martin, Armoiries et Décorations.
Paris, 1896, nomb. pl. en couleur. — Lorédan Larchey. Monde
féodal. Europe xve siècle. Costumes vrais, fac-simile de

50 mannequins de cavaliers en grande tenue héraldique, d'après le manuscrit d'un officier d'armes de Philippe le Bon, Duc de Bourgogne, 1429-1467. *Paris,* 1899, fig. — Ens. 5 vol. in-8, rel. et br.

242. BOURGOGNE. Mémoires du Sergent Bourgogne (1812-1813), publ. par P. Cottin et M. Henault. *Paris,* 1900, in-8, fig. d'Alfred Paris, br.

> Envoi d'Alf. Paris.

243. BOURRIENNE. Mémoires de M. de Bourrienne, Ministre d'Etat sous Napoléon, le Directoire, le Consulat, l'Empire et la Restauration. *Paris, Ladvocat,* 1829, 10 vol. in-8, demi-rel. chag. bleu, tr. marb.

244. BRETON (Le Général). Lettres du Général Breton, 1805-1855, 3 vol. in-4, demi-rel., dos et coins maroq. vert.

> Copie dactylographique des Lettres du Général.
> Le premier volume porte la dédicace suivante :
> A vous, mon cher ami, ces lettres non expurgées de mon grand-père, sachant que vous les lirez avec la sympathie affectueuse que j'ai, moi même toujours éprouvée pour les vôtres. 9 mai 1909. Commandant L. Devanlay.

245. BUCQUOY (E.-L.). Les Gardes d'Honneur du Premier Empire, avec une préface de M. Ed. Detaille et 8 planches en couleurs de l'auteur. *Nancy, Crépin Leblond,* 1908, in-8, fig., br. — Les Régiments de Gardes d'Honneur (1813-1814). Notes et documents. *Paris, Berger-Levrault,* 1894, plaq. in-8, demi-rel. — Ens. 1 vol. et 1 plaq. in-8, demi-rel. et br.

246. BUGEAUD (Le Maréchal), d'après sa correspondance intime et des documents inédits, 1784-1849, par le Comte H. D'Ideville. *Paris, Didot,* 1881, 3 vol. in-8, portr., demi-rel. chag. bleu, tr. jasp.

247. CADET DE GASSICOURT. Voyage en Autriche, en Moravie

et en Bavière fait à la suite de l'armée française pendant la campagne de 1809. *Paris, L'Huillier*, 1818, in-8, carte et plans, demi-rel. veau brun, tr. jasp. (*Rel. de l'époque*).

248. CAMPAGNES D'ITALIE (1848-49 et 1859), 10 vol. in-8 et in-12, demi-rel., cart. et br.

> Schœnhals (Général). Campagnes d'Italie de 1848 et 1849, trad. de l'allemand par Th. Gautier fils. *Paris, Poulet-Malassis*, 1859. — Bazancourt (De). La Campagne d'Italie de 1859. *Paris, Amyot*, 1859, 2 vol., cartes (rousseurs). — Duquet (Alfred). La Guerre d'Italie (1859). *Paris*, 1882. — Hérisson (d'). Journal de la Campagne d'Italie, 1859. *Paris*, 1889. — Trolard. De Rivoli à Marengo et à Solférino. *Paris*, 1893. — Noir (Louis). Souvenirs d'un zouave. Solférino. *Paris*, 1866. — Richard (Jules). Napoléon III en Italie. *Paris*, 1859. — Dunant (Henry). Un souvenir de Solférino. *Genève*, 1862. — Vanson (Général). Crimée, Italie, Mexique. Lettres de campagnes. *Paris*, 1905.
>
> Envoi de M. Duquet.

249. CARNET (Le) historique et littéraire. Revue mensuelle rétrospective et comtemporaine. *Paris*, 1899 à juin 1905, 6 années et 1 semestre, en livraisons. — La Curiosité militaire, organe des amateurs d'histoire, de littérature et du bibelot militaires. *Paris*, années 1893 à 1896, 1899 et 1902, 6 années dont 4 reliées en 2 vol. demi-rel. chag. rouge, les autres en livraisons.

250. CASTELLANE. Journal du Maréchal de Castellane, 1804-1862. *Paris*, 1895, 5 vol. in-8, portr. demi-rel. maroq. vert, têtes dor., non rogné, couv. cons. (*Franz*).

251. CATHERINE II. Mémoires de l'Impératrice Catherine II, écrits par elle-même, et précédés d'une préface par A. Herzen. *Londres*, 1859, in-8, maroquin vert, jans., dent. intér., tr. dorées (*Belz-Niédrée*).

252. CATIER (J.-B.). Campagne de 1870-1871. Armée du Rhin. Journal de J.-B. Catier (de Rennes) Caporal au 5ᵉ Bataillon de

Chasseurs, depuis son départ de Rennes jusqu'au 6 octobre 1870.
Manuscrit de 108 ff. in-12, assemblés dans un carton.

> Très intéressant journal de marche du Caporal J.-B. Catier (de
> Rennes) du 22 Juillet 1870 au Jeudi 6 octobre 1870 camp de Plap-
> peville. Soldat du 5ᵉ Bataillon de Chasseur il faisait partie de la 2ᵉ divi-
> sion (Général Rose) du 4ᵉ corps d'armées sous les ordres du Général
> Ladmirault, il relate les batailles de Borny, Gravelotte, Rezonville,
> Camp sous Metz, Combat de Servigny, etc. Ce Manuscrit que nous
> croyons inédit est d'une écriture très lisible. Tache d'huile aux premiers
> feuillets.

253. **CHARDIN.** Voyages de M. le Chevalier Chardin, en Perse, et
autres lieux de l'Orient. Enrichi d'un grand nombre de belles
figures en taille-douce. *Amsterdam, de Lorme,* 1711, 3 vol. in-4,
front. et fig. veau brun, dos ornés (*Rel. anc.*).

254. **CHOISEUL-GOUFFIER** (Comtesse de). Mémoires historiques
sur l'Empereur Alexandre et la Cour de Russie. *Paris, Leroux,*
1829, in-8, demi-rel. mar. vert à long grain, tête rouge, non rog.,
couv. cons. (*Franz*).

> Légères rousseurs.

255. **CLARETIE** (Jules). Récits de Guerre. Paris assiégé, 1870-1871,
ill. de Meissonier, A. de Neuville, Ed. Detaille, etc. *Paris, Goupil, s. d.,* gr. in-4, fig., demi-rel. chag. bleu, tête dorée, non
rogn., couv. d'une livr. cons. (*Franz*).

256. **CLÉRY.** Mémoires de P.-L. Hanet Cléry, ancien valet de
chambre de Madame Royale et frère de Cléry, dernier valet de
Louis XVI, 1776-1823. *Paris,* 1825, 2 vol. in-8, portr., demi-rel.
mar. bleu, non rogn.

257. **COLLECTION** des Mémoires relatifs à la Révolution française.
Paris, Baudouin, 1824, 90 vol. in-8, demi-rel. chag. rouge, dos
ornés, tr. jasp.

> Fortes mouillures et moisissures à une dizaine de volumes.

258. **CONEGLIANO** (Duc de). Le Second Empire. La Maison de

l'Empereur, préface de Frédéric Masson, avec 14 héliogravures d'après les documents de l'époque. *Paris, Calmann-Lévy*, 1897, gr. in-8, demi-rel. mar. vert, tête dor., non rogn., couv. cons. (*Franz*).

Un des 25 exemplaires sur grand papier de Hollande.

259. CONSTANT. Mémoires de Constant, premier valet de chambre de l'Empereur, sur la vie privée de Napoléon, sa famille et sa cour. *Paris, Ladvocat*, 1830, 6 vol. in-8, cart. demi-toile, non rogn., couv. cons.

260. CORRESPONDANCE de l'armée en Egypte interceptée par l'Escadre de Nelson. Publiée à Londres. *Hambourg, Fauche*, 1799, in-8, demi-rel. chag. bleu.

> Rare. On y joindra la réimpression de cette correspondance publiée par Lorédan Larchey. *Paris*, 1868, frontispice de Ulm, rel.

261. CRÉQUY. Souvenirs de la marquise de Créquy de 1710 à 1803. *Paris, Garnier, s. d.*, 10 tomes en 5 vol. in-12, demi-rel. mar. noir, non rogn., couv. cons.

262. DANGEAU. Abrégé des mémoires, ou journal du marquis de Dangeau, extrait du manuscrit original, avec des notes historiques et critiques et un abrégé de l'histoire de la Régence, par Mme de Genlis. *Paris, Treuttel et Würtz*, 1817, 4 vol. in-8, demi-rel. veau rac., dos ornés, tr. jasp. (*Rel. de l'époque*),

263. DAUMAS (Général). Les chevaux du Sahara et les mœurs du Désert. Nouvelle édition, revue et augmentée, avec des commentaires par l'émir Abd-El-Kader. *Paris, Hachette*, 1862, demi-rel. — Caubert (Capitaine) Du cheval bien mû et bien mis. *Paris, Legoupy*, 1906, fig., br. — Ens. 2 vol. gr. in-8, demi-rel. et br.

> Lég. rousseurs au premier volume. Envoi d'auteur au second.

264. DAVID. Histoire chronologique des opérations de l'Armée du Nord, et de celle de Sambre-et-Meuse, depuis le mois de Ger-

minal de l'an II, jusqu'au même mois de l'an III, tirée des livres d'ordre de ces deux armées, par le citoyen David, témoin de la plupart de leurs exploits. *Paris, Guerbart, s. d.* (vers 1798), in-8, demi-rel. maroq. grenat à long grain, non rog.

> Lég. rousseurs. On y joindra un double du même ouvrage, incomplet du faux-titre, demi-rel., tr. jasp.

265. DAVOUT. Mémoire de M. le Maréchal Davout, Prince d'Eckmühl, au roi. *Paris,* 1814 (Réimpr. 1891). — Opérations du 3ᵉ corps, 1806-1807, rapport du Maréchal duc d'Auerstaedt publ. par son neveu le général Davout. *Paris,* 1896, in-8, port. et cartes — Davout Maréchal d'Empire, duc d'Auerstaedt, prince d'Eckmühl (1770-1823) par son arrière-petit-fils le comte Vigier. *Paris,* 1898, 2 vol., port. — Ens. 4 vol. in-8, dont 3 demi-rel. maroq. vert et bleu et 1 br.

266. DAVOUT (Maréchal). Le Maréchal Davout, prince d'Eckmühl, raconté par les siens et par lui-même. *Paris, Didier,* 1879-1880, 4 vol. in-8, port., demi-rel. chag. bleu, tr. jasp.

267. DAYOT (Armand). Napoléon raconté par l'image, d'après les sculpteurs, les graveurs et les peintres. *Paris, Hachette,* 1895, gr. in-8, fig., maroq. vert à long grain, dos orné, fers spéciaux, tr. dorées.

> Premier tirage. Envoi d'auteur.

268. DENNIÉ (Baron). Précis historique et administratif de la campagne d'Afrique. *Paris, Delaunay,* 1830, 6 planches repliées, lithog. d'après Eug. Isabey, demi-rel. veau brun, dos orné, tr. jasp. (*Rel. de l'ép.*). — Berthézène (Baron). Dix-huit mois à Alger ou récit des évènements qui s'y sont passés depuis le 14 juin 1830, jusqu'à la fin de décembre 1831. *Montpellier, Ricard,* 1834. — Ens. 2 vol. in-8, demi-rel.

269. DEPRÉAUX (Albert). Carnet d'étapes. Souvenirs de guerre et de captivité de Philippe Beaudoin, sergent-major à la 31ᵉ demi-brigade de ligne. *Paris, Leroy,* 1909, in-8, br.

> Tiré à 55 exemplaires num. sur papier vélin (n° 1). Envoi d'auteur.

270. DERODE (Victor). Le siège de Lille en 1792. *Lille,* 1842, in-8,
2 pl., 2 chansons, couv. cons. — Histoire de la campagne de
1800, par le duc de Valmy. *Paris,* 1854. — Ens. 2 vol. in-8, demi-
chag. bleu.

271. DÉROULÈDE (Paul). 1870. Feuilles de route. — Nouvelles
feuilles de route. *Paris, Juven, s. d.* (1907). — Ens. 2 vol. in-
12, maroq. rouge, filets, dos ornés, têtes rouges, non rog.,
couv. cons. (*H. Roger-Jourdain*).

> Editions originales.
>
> Envois autog. signés de l'auteur à Edouard Detaille. Celui du pre-
> mier volume est ainsi libellé « A Edouard Detaille, au peintre des
> *Cuirassiers de Morsbronn,* du *Régiment qui passe,* du *Rêve* et de *Vers
> la gloire,* son admirateur et son ami dédie ces Souvenirs de guerre. »

272. DESJARDINS (Gustave). Recherches sur les drapeaux français,
oriflammes, bannières de France, marques nationales, couleurs
du roi, drapeaux de l'armée, pavillons de la marine. *Paris,
Morel,* 1874, gr. in-8, fig. et 42 planches en couleur, demi-rel.
maroq. bleu, tête dorée, non rogn.

273. DESVERNOIS (Général Baron). Souvenirs militaires, rédigés
d'après les documents authentiques par Emm. Bousson de Mai-
ret. *Paris, Tanera,* 1858. — Souvenirs du Maréchal Macdonald,
duc de Tarente. *Paris. Plon,* 1892, port. — Correspondance
de Joachim Murat, publiée par Albert Lumbroso. *Turin,* 1899,
fig. et port. — Gachot (Ed.). Histoire militaire de Masséna. La
troisième campagne d'Italie (1805-1806). *Paris, Plon,* 1911, port.
et cartes. — Choppin (Capitaine). Marches de cavalerie, la
cavalerie française en Turquie d'Europe. *Paris,* 1896. — Ens.
5 vol. in-8, demi-rel., cart. et br.

> Envoi d'auteur à 3 volumes.

274 DOMERGUE. La Russie pendant les guerres de l'Empire
(1805-1815). Souvenirs historiques de M. Armand Domergue.
Paris, Bertrand, 1835, port. et carte. — Vaudoncourt : Relation
impartiale du passage de la Bérézina, par l'armée française en

1812, par un témoin oculaire (G. de Vaudoncourt). *Paris, Barrois*, 1814, carte. — Campagne de 1812. Extrait des mémoires
de M. le Lieut.-Général comte de Bismark. *Paris, Martinet,*
1847. — Chapuis : Bérézina. *Paris, Corréard,* 1857. — Sauzey
(Lieut.-colonel). De Munich à Vilna. *Paris, Chapelot,* 1911, fig.
Ens. 6 vol. in-8, demi-rel., cart. et br.

275. DOUAI. Son histoire militaire, ses fortifications, ouvrage publié
par la Société d'agriculture, sciences et arts centrale du département du Nord. *Douai, Dechristé,* 1892, in-4, front. de P. Dutert,
aquarelles et dess. de H. Duhem, br.

276. DRAPEAUX. 5 vol. in-8 et in-12, cart. et br.
> Le Pointe (H.). Histoire de nos drapeaux de 1792 à nos jours, suivie
> des airs du Drapeau et de 14 gravures. *Paris,* 1910, fig. — Niox
> (Général). Drapeaux et Trophées. Résumé de l'histoire militaire con-
> temporaine de la France. Catalogue des trophées du Musée de l'Armée.
> *Paris, Delagrave,* fig. — Lallemand. Souvenirs de 1814. Les Drapeaux
> des Invalides. *Paris, Aubry,* 1864. — Hollander. Les Drapeaux et
> Etendards de l'Armée d'Egypte. 1797-1801, avec 8 planches hors texte.
> *Paris, Leroy,* 1904, fig. — Carnot (Lieutenant). Le Drapeau du 27°
> Régiment d'Infanterie. *S. l. n. d.,* fig.

277. DU BARAIL (Général). Mes souvenirs. 1820-1879. *Paris, Plon,*
1895-1896, 3 vol. in-8, port., demi-rel. maroq. vert, tête dorée,
non rog., couv. cons. (*Franz*).

278. DUCROT (Général). La Défense de Paris (1870-1871). *Paris,*
Dentu, 1875-1878, 4 vol. in-8, cartes, cart. toile, non rog.

279. DUGAST de Bois St-Just. Paris, Versailles et les provinces au
xviii° siècle, anecdotes sur la vie privée de plusieurs ministres,
etc. *Paris,* 1809-1817, 3 vol. — Mémoires de Frédérique-Sophie-
Wilhelmine, Margrave de Bareith, sœur de Frédéric-le-Grand,
Paris, Vieweg, s. d., 2 vol. — Mémoires de la marquise de Nadaillac, duchesse d'Escars, publiés par le colonel de Nadaillac.
Paris, Emile-Paul, 1912, port. — Ens. 6 vol. in-8, demi-rel. et
br.
> Envoi de M. le Marquis de Nadaillac au dernier volume.

280. DUMAS (J.-B.) et le vicomte de Ponton d'Amécourt. Album de Haute École d'équitation. *Paris, Baudoin, s. d.,* in-4 oblong, cart., 1 fig. manque. — Picard et D' G. Bouchard, école du cavalier à pied, à cheval. *Paris,* 1894, fig. — Guérin-Catelain, le mécanisme des allures du cheval. *Paris,* 1896, fig. — Les sauts d'obstacles, fig. *Paris,* 1898. — Ens. 4 vol. et brochures.

281. DU TEIL (Baron J.). Napoléon Bonaparte et les généraux Du Teil (1788-1794). *Paris, Picard,* 1897, port. — Thoumas (général). Le Maréchal Lanne. *Paris, Lévy,* 1891, port. — Parquin (commandant). Souvenirs et campagnes d'un vieux soldat de l'Empire. *Paris,* 1892, port. — Documents relatifs aux Campagnes en France et sur le Rhin, 1792-1793, trad. de l'allemand par Paul Mérat. *Paris,* 1848. — Marmottan (Paul). Le général Fromentin et l'Armée du Nord (1792-1794). *Paris,* 1891. — Mémoires du général Dirk Van Hogen Sorp. *La Haye,* 1887. — Ens. 6 vol. in-8, demi-rel., cart. et br.

> Le premier volume est tiré à 100 exemplaires sur papier vélin. Envoi d'auteur à 3 volumes.

282. FAY (Ch.). Souvenirs de la guerre de Crimée, 1854-1856. *Paris, Dumaine,* 1867, fig. — Thoumas (général). Souvenirs de Crimée, 1854-1856. *Paris, Lib. illustrée, s. d.,* fig. — Herbé (général). Français et Russes en Crimée. *Paris, Lévy,* 1892. — Vaillant (maréchal). Les Fastes de la Grande Armée d'Orient. *Paris, Pick,* 1862, nomb. port. et fig. — Ens. 4 vol. in-8, demi-rel.

> Le premier ouvrage est imprimé sur papier de Hollande. Envoi d'auteur. Lég. rousseurs.

283. FLEURY (J.-Pierre). Mémoires sur la Révolution, le premier Empire et les premières années de la Restauration, publiés et annotés, par le R. P. Paul Piolin. *Le Mans,* 1874. — Salomon (Monseigneur de). Mémoires inédits de l'internonce à Paris, pendant la Révolution, 1790-1801. *Paris, Plon,* 1890. — Dry (A.). Soldats et Ambassadeurs sous le Directoire. An IV, an

VIII. *Paris*, *Plon*, 1906, 2 vol., fig. — Ens. 4 vol. in-8, demi-rel.
et br.

284. FONTANE (Th.). Der Deutsche Krieg von 1866. Mit illustrationem von Ludwig Burger. *Berlin, verlag der Koniglichen*,
1871, 2 vol. gr. in-8, fig., cart. toile, tête jasp., non rogn.

285. FRANÇOIS (Capitaine). Journal d'un officier français. 23 numéros du *Lycée Armoricain* en 1 vol. in-8, cart., dos et coins de
toile, non rog.

   Intéressants et rares souvenirs sur les guerres du premier Empire.

286. FROMENT. La police dévoilée depuis la Restauration, et no-
tamment sous Messieurs Franchet et Delavau. *Paris, Lemonnier*, 1829, 3 vol. in-8, demi-rel. chag. grenat, ébarb.

   Lég. mouillures.

287. GALIBERT (Léon). Histoire de l'Algérie ancienne et moderne
depuis les premiers établissements des Carthaginois jusques et
y compris les dernières campagnes du Général Bugeaud. *Paris,
Furne*, 1843, in-8, fig. de Raffet, cart. toile, ébarbé.

   Premier tirage des figures de Raffet.

288. GESCHICHTE DER KONIGLICH. Preussischen Fahnen und
Standarten seit dem Jahre 1807. Bearbeitet vom Koniglichen
Kriegsministerium. *Berlin*, 1889, 2 vol. en 4 parties, gr. in-8,
pl. color., br.

   Histoire des fanions et Etendards de l'armée prussienne en 1807.

289. GIRAULT (Ph.-René). Mes Campagnes sous la République et
l'Empire. 1791-1810. *La Rochelle, Siret*, 1884, in-4, demi-rel.
mar. rouge, tête dorée, non rogn., couv. cons. (*Franz*).

   Tiré à 100 exemplaires num. Envoi de S. Baillet, petite-fille de l'auteur, à Ed. Detaille.

290. GIROD DE L'AIN. Le Général Drouot, 1774-1847. *Paris*, 1890.

— Les deux Généraux de Senarmont. *Paris*, 1891. — Sailly (de). Le Général, Baron de Sailly (1768-1830). *Paris, Plon,* 1911. — Abaut : Lariboisière (1759-1812). *Paris*, 1889. — Aussy (d'). Le Colonel Oudet, 1792-1809. *Vannes*, 1889. Ens. 4 vol. et 1 plaq. in-8 et in-4, port., cart. et br.

Envoi du Baron de Sailly à Ed. Detaille.

291. GOURGAUD et MONTHOLON. Mémoires pour servir à l'histoire de France sous Napoléon, écrits à Ste-Hélène par les généraux qui ont partagé sa captivité. *Paris, Didot et Bossange,* 1823-1825, 8 vol. in-8, cartes et plans, demi-rel. veau rouge, dos ornés à froid et dorés, tr. marb. (*Rel. romantique*).

292. GUILLEMARD (Robert). Mémoires de Robert Guillemard, sergent en retraite, suivis de documens historiques, la plupart inédits, de 1805 à 1823. *Paris, Delaforest,* 1826, 2 vol. in-8, demi-rel. mar. bleu à long grain, dos ornés, tête dorées, non rog. (*Durvand-Thivet*).

Un f. du tome 1er est refait.

293. GUILLEMIN (Alex.). Le Patriotisme des volontaires royaux de l'Ecole de Droit de Paris. *Paris, Egron,* 1822. — La Garde Royale pendant les événements du 26 juillet au 5 août 1830. *Paris, Dentu,* 1830. — La Garde Mobile. Journées de juin. *Paris, Moutonnet,* 1848, planche. — Ens. 3 vol. in-8, demi-rel. et cart.

294. GUERRES DE LA RÉVOLUTION et de l'Empire. 7 vol. in-8, et in-12, demi-rel. et cart.

Moreau de Jonnès. Aventures de Guerre au temps de la République et du Consulat. *Paris, Pagnerre,* 1858, 2 vol. — Lettres d'un chef de Brigade, 1793-1805, publiées par M. A. d'Hauterive. *Paris*, 1891. — Aubry (Capitaine). Souvenir du 12e Chasseurs. 1799-1815. *Paris, Quantin,* 1889. — Souvenirs d'un ex-officier (1812-1815). *Paris*, 1867. — Mémoires d'un ancien capitaine italien sur les guerres et les intrigues d'Italie de 1806 à 1821, par le Comte G. D. F. *Paris*, 1845. — Du Casse. Du soir au matin, Scènes de la vie militaire. *Paris*, 1852.

295. GUERRE D'ORIENT. 1854. 5 vol. in-8 et in-12, demi-rel. et cart.

> Jouve (Eug.). Voyage à la suite des Armées alliées en Turquie, en Valachie et en Crimée. *Paris*, 1855. — Frossard (Pasteur). Lettres écrites d'Orient. *Toulouse*, 1856. — Joubert. Souvenirs de la Guerre d'Orient. *Vincennes*, 1857. — Masquelez. Journal d'un officier de zouaves, suivi de considérations sur l'organisation des armées Anglaise et Russe. *Paris*, 1858. — Julien. L'Amiral Bouët-Willaumez et l'expédition dans la Baltique. *Paris*, 1872.

296. GUERRE DE CRIMÉE. 7 vol. in-8, demi-rel. et cart.

> Baudens. La guerre de Crimée. Les campements, les abris, les ambulances, etc. *Paris*, 1858. — Anitschkof, La Campagne de Crimée, trad. de l'allemand de Baumgarten par C. Soye. *Paris*, 1858. — Rousset (Camille). Histoire de la Guerre de Crimée. *Paris, Hachette*, 1877, 2 vol. — Marchal. La guerre de Crimée. Ouvrage illustré de 26 gravures hors texte par Quesnay de Beaurepaire. *Paris, Didot*, 1888. — Loizillon (Henri). Lettres écrites de Crimée. *Paris, Flammarion, s. d.* — Bouët-Wilaumez. Batailles de terre et de mer jusques et y compris la bataille de l'Alma. *Paris*, 1855.

297. GUERRE DE 1870-1871. 6 vol. et 2 plaq. in-8 et in-12, demi-rel., cart. et br.

> Metz, Campagne et Négociations par un officier supérieur de l'armée du Rhin (Colonel D'Andlau). *Paris, Dumaine*, 1872. — Piton (Fréd.). Siège de Strasbourg. Journal d'un assiégé. Notes et dessins par Alfred Touchemolin. *Paris, Schlaeber*, 1900. — Hollender. Le Siège de Phalsbourg en 1870. *Paris, Lavauzelle, s. d.* — Relation de la Bataille de Frœschwiller, livrée le 6 août 1870. *Paris, Berger-Levrault*, 1890. — Guide du touriste sur le champ de bataille de Frœschwiller. *Strasbourg*, 1871, 20 planches. — Duhousset (Colonel). Reichshoffen, Frœschwiller et Wœrth (extrait de revue). — Bataille de Rezonville, (Gravelotte. Panorama par MM. Ed. Detaille et Alp. de Neuville. Explication du Panorama. *Paris*, 1887. — La Campagne de 1870, jusqu'au 1er septembre, par un officier de l'Armée du Rhin. *Bruxelles, s. d.*

298. GUERRE DE 1870-1871. Bazeilles et Sedan. 12 vol. ou plaq. in-8 et in-12, demi-rel. et cart.

> Bazeilles-Sedan, par le Général Lebrun. *Paris*, 1884. — Bastard. La Défense de Bazeilles, dessins inédits et croquis de A. de Neuville et

Sergent. *Paris, Ollendorff*, 1884, ex. sur papier de Hollande. —
Wimpffen. La Bataille de Sedan, les véritables coupables. *Paris*, 1887.
Lemonnier (Camille). Les Charniers (Sedan). *Paris*, 1881. — Arma-
gnac. Quinze jours de campagne. *Paris*, 1882. — Habeneck. Les régi-
ments martyrs. *Paris*, 1871. — Vidal. Campagne de Sedan. *Paris*,
1910. — Des causes de la capitulation de Sedan. *Bruxelles, s. d.* —
Ducrot (Général). La Journée de Sedan. *Paris*, 1873. — Claretie (Jules).
Le champ de bataille de Sedan. *Paris*, 1871. — Tué à Sedan. Lettres
d'un sous-lieutenant recueillies par un ami. *Paris*, 1875. — Wœrth-
Sedan, itinéraire illustré.

**299. GUERRE DE 1870-1871. Belfort. Bitche. 7 vol. in-8 et in-12,
demi-rel. et br.**

Denfert-Rochereau : La Défense de Belfort, écrite sous le contrôle
du Colonel Denfert-Rochereau, par Ed. Thiers et Laurencie. *Paris, Le
Chevalier*, 1874, cartes. — Mény. Le Siège de Belfort. 1870-1871.
Belfort, 1871.—Bibesco. Belfort, Reims, Sedan. Le 7ᵉ Corps de l'Armée
du Rhin. *Paris, Plon*, 1874. — Guesquin (Eugène). Bitche et ses
défenseurs. *Paris*, 1900, fig. — Dalsème. Le Siège de Bitche. *Paris,
Dentu, s. d.* — Berthoud (Fritz). La retraite de l'Armée de l'Est en
Suisse. *Neuchatel*, 1871. — Opérations de l'Armée du Sud pendant les
mois de janvier et février 1871, par le Comte Wartensleben, trad. de
l'allemand par Dumaine. *Paris*, 1872.

**300. GUERRE DE 1870-1871. Armées de la Loire, de l'Est et du
Nord. 9 vol. ou plaq. in-8 et in-12, demi-rel. cart. et br.**

D'Aurelle de Paladines. La première armée de la Loire. *Paris*, 1872.
— Chanzy (Général). La deuxième armée de la Loire. *Paris*, 1872. —
Fonsagrives. Le sacrifice de Loigny. *Paris*, 1898. — Monument du
37ᵉ Régiment de Marche. Loigny, 2 décembre 1870. *Paris*, 1911. —
Prêtre et Soldats (l'abbé Theuré). Loigny, 1870. *S. l. n. d.* — Janicot.
Trois mois d'ambulance aux armées de la Loire et de l'Est. *Saint-
Etienne*, 1871. — Faidherbe (Général). Campagne de l'Armée du Nord
en 1870-1871. *Paris*, 1872. — Foudras (Comte de). Les Francs-Tireurs
de la Sarthe. *Chalon-sur-Saône*, 1872. — Pécourt. Relation du combat
de Villers-Bretonneux (Somme). *Villers, Bretonneux, s. d.*
Envoi d'auteur à 4 volumes.

301. **GUERRE DE** 1870-1871. **Siège de Paris.** 9 vol. ou plaq. in-8 et in-12, et 1 atlas in-4, demi-rel. et cart.

> La Roncière-Le Noury. La Marine au Siège de Paris. *Paris, Plon,* 1874, 1 vol. de texte et 1 atlas de cartes. — Lamber (Juliette). Le Siège de Paris. Journal d'une Parisienne. *Paris, Lévy,* 1873. — Marthold (J. de). Memorandum du Siège de Paris. 1870-1871. *Paris, Charavay,* 1884. — Grolleau (P.). Le Siège de Paris. *Paris,* 1903. — Vandevelde. Description des fortifications de Paris. ses moyens de défense. *Bruxelles,* 1870, cartes. — Herbette. L'entrée des Prussiens dans Paris. *Paris,* 1898. — Précis des opérations militaires auxquelles a pris part la brigade Porion, pendant le Siège de Paris. *Paris,* 1871 (un des 10 ex. sur pap. de Hollande). — Dabot (Henri). Griffonnages quotidiens d'un bourgeois du quartier Latin. *Péronne,* 1895. — Souvenirs d'un mobile du 8e bataillon de la Seine. *Paris,* 1887.
>
> Envoi d'auteur à 5 volumes.

302. **GUERRE Franco-Allemande (La) de** 1870-71, rédigée par la section historique du Grand Etat-Major prussien. Traduction par le Capitaine Costa de Serda. *Berlin et Paris,* 1874-1882, 5 vol. gr. in-8 et 4 étuis de cartes et plans, demi-rel. chag. bleu, tr. jasp.

303. **GUERRE DE** 1870-1871. **Ouvrages en Allemand.** 6 vol. in-8 et 1 album in-4 oblong., cart.

> Fechner (Hermann). Der Deutsch-Franzosische Krieg von 1870. *Berlin,* 1871, fig. — Hiltl (Georg). Der Franzosische krieg von 1870 und 1871. *Bielefeld,* 1872, 1 tome en 2 vol. — Même ouvrage. *Bielefeld,* 1873. — Des Soldatenfreundes instruktions buch für den infanteristen und Cavalleristen. *Berlin,* 1873-1875, 2 vol., fig. — Skrizzen aus dem Kriege 1870-1871, album de 70 photographies. *Munchen, Hanfstaengl, s. d.*

304. **HANOTAUX (Gabriel). Histoire de la France contemporaine** 1871-1900). *Paris, Combet, s. d.,* 2 vol. in-8 br.

> Tome II et III.

305. **HANOTAUX (Gabriel). Jeanne d'Arc.** *Paris, Hachette,* 1911, gr. in-8, fig. br.

> Envoi d'auteur à Ed. Detaille.

306. HERTZEN (A.). Le Monde Russe et la Révolution. Mémoires de
A. Hertzen. 1812-1847, traduits par H. Delaveau, illustrations de
A. Schenk. *Paris, Dentu,* 1860, 3 vol. in-12. — La Russie à la
fin du xixᵉ siècle, ouvrage publié sous la direction de M. W de
Kovalevsky. *Paris, Dupont,* 1900, cartes. — Bertol-Graivil. Le
livre d'or des fêtes Franco-Russes, préface par A. Mézières. *Pa-*
ris, Ollendorff, 1894, nomb. fig. et port. — Ens. 5 vol. in-4,
in-8 et in-12, demi-rel. et br.

    Rousseurs au premier ouvrage.
    On y joindra un extrait de revue relatif à la mort de Paul Iᵉʳ.

307. HOLLANDER (O.). Nos Drapeaux et Etendards de 1812 à 1815,
avec 30 gravures dont 20 hors texte. *Paris, Berger-Levrault,*
1902, br. — Vérillon (Commandant). Les Trophées de la
France. *Paris, Leroy.* 1907, planches, br. — Lehmann (Gustav.).
Die Trophaen des Preussischen Heeres. *Berlin,* 1898, planches,
cart. — Ens. 3 vol. in-4, cart. et br.

    Envoi d'auteur au 1ᵉʳ volume.

308. HOUSSAYE (Henri). 1815. Waterloo, demi-rel., non rogn.,
couv. cons. — 1815. La seconde abdication. La Terreur Blanche,
br. — Iéna et la Campagne de 1806, br. *Paris, Perrin,* 1898-
1912. — Ens. 3 vol. in-8, demi-rel. et br.

    Editions originales.
    Envoi autog. de H. Houssaye à Ed. Detaille aux deux premiers
volumes.

309. HOUSSAYE (Henry). 1814-1815. La première Restauration. —
La Charge, tableau de bataille. Dessin d'Ed. Detaille. — La
Garde meurt et ne se rend pas. Histoire d'un mot historique.
Paris, Perrin, 1888-1907, 4 vol. in-12, demi-rel. non rogn., couv.
cons. et br.

    Edition originale des deux derniers ouvrages.
    La Charge est un des 50 exemplaires num. sur papier de Hollande
avec le front. en double épreuve, sur hollande et sur chine.
    Envoi autog. de Henry Houssaye à Edouard Detaille, à 3 volumes.

310. HOUSSAYE (Henry). Napoléon Le Grand, par Victor Hugo. *Paris*, 1902, in-4, fil. vert encad. le texte, br.

> Tiré à 125 exemplaires.
> Envoi de H. Houssaye à Ed. Detaille.

311. KALENDARIO manual y guia de forasteros en Madrid, para el ano de 1807. *En la Imprenta Real*, titre et carte gr . — Estado militar de Espana, ano de 1807. *Imprenta Real*. 2 ouvrages en 1 vol. pet. in-12, maroq. rouge, pet. dent., dos orné, tr. dorées (*Rel. anc.*).

> Il manque au second ouvrage le dernier f., probablement blanc.

312. KITTEL (Paul). Dies deutschen. Desreumgskriège Deutschlands Geschichte von 1806-1815 von Herm. Muller Bohn, veranlasst und herausgegeben von P. Kittel. *Berlin, s. d.*, 2 vol. in-4, nombr, fig. en noir et en couleur en livr.

313. LABAUME (Eug.).Campagnes de Napoléon et de la Grande Armée en Russie. *Paris, Lebigre*, 1831, port. — Danilevsky (Général). Le passage de la Bérésina. *Paris, Cosson*, 1842, cartes et plans. — Saint-Brice. Un épisode de la Campagne de Russie, ou la Retraite de Moscou. *Paris*, 1853. — Bourgoing (Baron). Itinéraire de Napoléon Ier, de Smorgoni à Paris. *Paris, Dentu*, 1862. — Paixhans : Retraite de Moscou, notes écrites au quartier de l'Empereur. *Metz*, 1868. — Leher. Lettre d'un capitaine de cuirassiers sur la Campagne de Russie. *Paris*, 1885. — Ens. 6 vol. in-8 et in-12, demi-rel.

314. LA GORCE (Pierre de). Histoire du Second Empire. *Paris, Plon*, 1895-1896, 3 vol. in-8, br.

> Tomes I à III.

315. LA MOTTE ROUGE (Général de). Souvenirs et Campagnes. 1804-1883. *Nantes, Grimaud*, 1888-1889, 3 vol. in-8, port. et cartes, veau rouge, filets, dos ornés, filets intér., non rogn., couv. cons. (*H. Roger-Jourdain*).

316. LA MOTTE-ROUGE (Général de). Souvenirs et campagnes. Premier Empire à 1870. *Paris, 1895,* 3 vol. in-8, portr., demi-rel. maroq. noir, têtes dor., non rogn., couv. cons.

317. LARREY (D.-J.). Relation historique et chirurgicale de l'expédition de l'Armée d'Orient en Egypte et en Syrie. *Paris, Demonville,* 1803, planches. — Armand (D^r). Histoire médico-chirurgicale de la Guerre de Crimée, d'après les travaux des médecins militaires. *Paris, Rozier,* 1858. — Ens. 2 vol. in-8, demi-rel.

318. LAS CASES (Comte de). Mémorial de Sainte-Hélène, suivi de Napoléon dans l'Exil, par MM. O'Meara et Antomarchi. *Paris, Furne, s. d.,* 2 vol. in-8, fig. de Charlet, demi-rel. chag. noir, tr. jasp.

319. LAURENT DE L'ARDÈCHE. Histoire de l'Empereur Napoléon illustrée par Horace Vernet. *Paris, Dubochet,* 1839, gr. in-8, veau fauve, fil. dor., milieu à froid avec aigle dor., dos orné, dent. intér., tr. marb.

   Premier tirage des figures de Vernet. Ex libris James Hartmann.

320. LE BLOND. Elémens de tactique, ouvrage dans lequel on traite de l'arrangement et de la formation des troupes, etc. *Paris, Jombert,* 1758, in-4, 40 planches gr., veau marb., dos orné, tr. rouges (*Rel. anc.*).

   Mouillures.

321. LECONTE (F.). Mémoires pittoresques d'un officier de marine. *Brest,* 1851, 2 vol. in-8, demi-rel. maroq. bleu. — De Bazancourt. L'Expédition de Crimée. La Marine française dans la mer Noire et la Baltique. *Paris, Amyot, s. d.,* 2 vol. in-8, portr., cart. — Batailles de terre et de mer jusques et y compris la bataille de l'Alma par le contre-amiral Comte Bouet-Willaumez. *Paris,* 1855, in-8, 70 grav., cart. — Ens. 5 vol.

322. LENOTRE (G.). La Guillotine pendant la Révolution. — Un

conspirateur royaliste pendant la terreur. Le Baron de Batz 1792-1795. — La captivité et la mort de Marie-Antoinette. *Paris, Perrin*, 1893-1897. — Ens. 3 vol. in-8, demi-rel. chag. vert et bleu, têtes dorées, non rogn., couv. cons. (*Franz*).

Éditions originales.

323. LENOTRE (G.). Paris Révolutionnaire. — Le vrai Chevalier de Maison Rouge. — Vieilles maisons, vieux papiers, 2ᵉ et 4ᵉ séries. — Le drame de Varennes. — Le Tribunal révolutionnaire. — Bleus, blancs et rouges. *Paris, Perrin*, 1894-1913. — Ens. 7 vol. pet. in-8 et in-12, demi-rel. et br.

Envoi d'auteur aux cinq derniers volumes.

324. MALO (Charles). Champs de bataille de l'Armée française. Belgique, Allemagne, Italie. *Paris*, 1901, fig. — Champs de bataille de France. *Paris*, 1899. — Ens. 2 vol. gr. in-8, fig., br.

Envois.

325. MANGOURIT (Bernard). Défense d'Ancone et des départemens romains, par le Général Monnier aux années VII et VIII. Orné de 5 gravures. *Paris, Pougens*, 1802, 2 vol., fig. par Le Barbier, La Porte, etc. — Bosredon Ransijat. Journal du Siège et blocus de Malte. *Paris, Valade*, an IX (1801). — Ségur (Ph.). Lettre sur la Campagne du Général Macdonald dans les Grisons. *Paris, Treuttel et Wurtz*, an X (1802). — Ens. 4 vol. in-8, demi-rel.

1 figure manque au premier ouvrage.

326. MARBOT (Général Baron de). Mémoires. *Paris, Plon*, 1892, 3 vol. in-8, port., br.

327. MARCO DE SAINT-HILAIRE. Napoléon en campagne, scènes de la vie militaire, pour faire suite aux Souvenirs intimes du temps de l'Empire. *Paris, Boulé*, 1845, 2 vol. in-8, demi-rel. mar. brun, dos ornés, têtes jasp., non rogn., couv. cons.

328. MARCO DE SAINT-HILAIRE (Emile). Souvenirs intimes du temps de l'Empire. *Paris, Gennequin*, 1860, 3 vol. gr. in-8, fig. — Le duc d'Enghien. Episode historique du temps du Consulat. *Paris, Baudry*, 1844. — Gallois (Léonard). Trois actes d'un grand drame. *Paris, Brissot-Thivars*, 1829. Ens. 5 vol. gr. in-8, demi-rel. et cart.

329. MARTIN (Henry). Histoire de France depuis les temps les plus reculés jusqu'à l'histoire de la Révolution de M. Thiers. *Paris, Mame*, 1836-1837, 15 vol. in-8, demi-rel. veau vert, dos ornés, tr. marb. (*Rel. de l'époque*).

> Exemplaire auquel on a ajouté 162 portraits-médaillons, reproduits par le procédé Collas.

330. MASSON (Frédéric). La Révolte de Toulon en Prairial an III. *Paris*, 1875, in-8, tiré à petit nombre. — Le Département des affaires étrangères pendant la Révolution. *Paris*, 1877, in-8. — Les Diplomates de la Révolution, Hugou de Basseville à Rome, Bernadotte à Vienne. *Paris*, 1882, in-8, fig. — Ens. 3 vol. in-8, demi-rel., tr. jasp.

> Envois de M. F. Masson.

331 MASSON (Frédéric). Mémoires et lettres de François Joachim de Pierre Cardinal de Bernis publ. d'après les manuscrits inédits par F. Masson. *Paris*, 1878, 2 vol., portr. — Le Cardinal de Bernis depuis son ministère, 1758-1794. *Paris*, 1884. — Ens. 3 vol. in-8, demi-rel.

> Envois de M. F. Masson.

332. MASSON (Frédéric). Le marquis de Grignan petit-fils de Mme de Sévigné. *Paris*, 1882. — Le Pape et le conclave. *Paris*, 1891. — L'Académie française, 1629-1793. *Paris, s. d.* — Ens. 3 vol. in-8, 1 rel., 2 br.

> Envois de M. F. Masson.

333. MASSON (Frédéric). Napoléon et les femmes, l'Amour. *Paris,*

1894. — Joséphine de Beauharnais. *Paris*, 1899. — Joséphine répudiée. *Paris*, 1902. Ens. 3 vol. in-8, dont 2 vol. demi-rel. maroq. et un broch.

Envois de M. F. Masson.

334. MASSON (Frédéric). Napoléon inconnu. Papiers inédits, 1786-1793, publ. par F. Masson et G. Biagi accompagné de notes sur la jeunesse de Napoléon. *Paris*, 1895, 2 vol. in-8, demi-rel. maroq. vert, têtes dor., non rogn., couv. cons.

Envois de M. F. Masson.

335. MASSON (Frédéric). Napoléon et sa famille, 1762-1814. *Paris*, 1897-1907. 9 vol. in-8, dont 2 vol. demi-rel. maroq. vert, têtes dor., non rogn. et 7 br.

Envois de M. F. Masson.

336. MASSON (Frédéric). Napoléon à Sainte-Hélène. *Paris*, 1912. — Le Sacre et le couronnement de Napoléon. *Paris*, 1908. — Cavaliers de Napoléon. *Paris*, 1909. — Ens. 3 vol. in-8, br.

Envois de M. F. Masson.

337. MASSON (Frédéric). Jadis et aujourd'hui, 2 vol. — Souvenirs de Maurice Duviquet. — Autour de Sainte-Hélène, 3 vol. dont 2 rel. — Petites histoires, 2 vol. — Au jour le jour. — *Paris*, *Ollendorff*, 1905 à 1912, 9 vol. in-12, 3 rel. et 6 br.

338. MASSON (Frédéric). Aventures de Guerre. Souvenirs et récits de soldats recueillis et publiés par Fréd. Masson. Illust. par F. de Myrbach. *Paris*, *Boussod*, *Valadon*, *s. d.*, in-4, br.

Envoi de M. Frédéric Masson à Edouard Detaille.

339. MASSON (Frédéric). Cavaliers de Napoléon, illustrations d'après les tableaux et aquarelles de Edouard Detaille. *Paris*, *Boussod*, *Valadon*, *s. d.* (1895), in-4, fig., demi-rel. mar. vert, dos orné, tête dorée, non rogn., couv. cons. (*Franz*).

340. MASSON (Frédéric). Cavaliers de Napoléon, illustrations d'après les tableaux et aquarelles de Edouard Detaille. *Paris*,

Boussod, Valadon, s. d., 1885, in-4, fig., demi-rel. maroq. brun, dos orné, tête dorée, non rogn., couv. cons. (*Franz*).

Un 75 exemplaires num. sur PAPIER DU JAPON, avec les planches en DOUBLE ÉTAT, tirage justifié par la signature autog. de Edouard Detaille.

341. MASSON (Frédéric). Joséphine, Impératrice et reine. *Paris, Boussod, Manzi, Joyant,* 1899, in-4, nombr. fig., br.

Envoi de M. F. Masson.

342. MASSON (Frédéric). L'Impératrice Marie-Louise. *Paris, Manzi, Joyant,* 1902, in-4, fig., br.

Exemplaire non numéroté.
Envoi d'auteur.

343. MÉMOIRES d'un apothicaire, sur la guerre d'Espagne, pendant les années 1808 à 1814, (par Sébastien Blaze). *Paris, Ladvocat,* 1828, 2 vol. in-8, demi-rel. chag. bleu, têtes rouges, non rogn.

344. MÉMOIRES et anecdotes sur la Cour de Napoléon Bonaparte. 3ᵉ édition française conforme à la première, contenant les suppressions faites dans la deuxième édition, ornée de portraits. *En Belgique,* 1818, 4 port. et 2 pl. de 33 portraits. — O'Meara : Documens particuliers (en forme de lettres) sur Napoléon Bonaparte, sur plusieurs de ses actes jusqu'ici inconnus ou mal interprétés, etc. *Bruxelles, Maubach,* 1819. 2 ouvrages en 1 vol. in-8, demi-rel. — Mémoires inédits de Roustam, mameluck de Napoléon Iᵉʳ. *Paris, Revue rétrospective, s. d.* — Ens. 3 ouvrages en 2 vol. in-8 et in-12, demi-rel. et cart.

345. MÉNEVAL (Baron de). Mémoires pour servir à l'histoire de Napoléon Iᵉʳ, depuis 1802 jusqu'à 1815. *Paris, Dentu,* 1894, 3 vol. in-8, port., demi-rel. maroq. vert, têtes dorées, non rog., couv. cons. (*Franz*).

346. MENZEL (Adolf.). Geschichte Friedrichs des Grossen Geschrie-

ben von Franz Kugler Gezeichnet von Adolf Menzel. *Leipzig*, 1876, in-8. — Heerschau der Soldaten Friedrichs des Grossen von Eduard Lange II. Mit 31 Original Zeichnungen von Adolp. Menzel. *Leipzig*, 1856. — Ens. 2 vol. in-8, pl. coloriées, demi-cart. toile.

347. MILNE-MILNE (Samuel). The Standards and colours of the army. From the Restauration, 1661, to the introduction of the territorial system, 1881. *Leeds Goodall Gand Suddick*, 1893, in-8, planches en couleur, cart. — Davis (Gh. and Al.). Regimental colors of the German armies in the war of 1870-1871. *New-York*, 1911, in-4, planches en noir et en coul., br. — Ens. 2 vol. in-4 et in-8, cart. et br.

> Le premier ouvrage est tiré à 200, le second à 125 exemplaires num. Envoi d'auteur au second volume.

348. MORRIS (Général). Essai sur l'extérieur du cheval. *Paris*, *Baudoin*, 1890, in-8, planches, vélin blanc, filets et fleurons d'angles, dent. intér., doubl. et gardes de moire, non rogn., couv. cons., chemise et étui de mar. rouge.

> Un des 6 exemplaires num. sur papier du Japon, imprimé pour M. Ed. Detaille.

349. MURAT. Lettres et documents pour servir à l'histoire de Joachim Murat. 1767-1815, publiés par S. A. le prince Murat. *Paris*, *Plon*, 1909-1911, 4 vol. (tomes III, IV, V et VI). — La catastrophe de l'ex-roi *de Naples*. Joachim Murat. Extrait des Mémoires du Général Coletta, trad. par Léonard Gallois. *Paris*, *Ponthieu*, 1823. — Le roi Murat et ses derniers jours, par Jean de La Rocca. *Paris*, *Dentu, s. d.* — Ens. 6 vol. in-8, demi-rel. et br.
> Mouillures et raccommodages au second ouvrage.

350. NAPOLÉON. Lettres de Napoléon à Joséphine, pendant la première Campagne d'Italie, le Consulat et l'Empire et Lettres de Joséphine à Napoléon et à sa fille. *Paris*, *Bossange*, 1833, 2 vol. in-8, fac-similé, cart. demi-toile, non rogn.

351. NAPOLÉON. Maximes de guerre et Pensées de Napoléon Ier.
Paris, Dumaine, 1874. — Une année de la vie de l'Empereur
Napoléon, ou précis historique de tout ce qui s'est passé depuis
le 1er avril 1814, jusqu'au 20 mars 1815, par A. D. B. M. *Paris,
Eymery*, 1815, front. — Chautard (J.). L'Ile d'Elbe et les Cent-
Jours. *Paris, Ledoyen*, 1851. — Funérailles de l'Empereur Na-
poléon. Relation officielle. *Paris, Curmer*, 1840, fig. — Ens.
4 vol. in-8 et in-12, demi-rel. et cart.

352. NAPOLÉON. Une année de la vie de Napoléon, ou précis his-
torique de tout ce qui s'est passé, depuis le 1er avril 1814, jus-
qu'au 20 mars 1815, par A. D. B. M. *Paris, Eymery*, 1815. —
Stendhal: Vie de Napoléon. *Paris, Lévy*, 1877. — Lévy (Arthur).
Napoléon intime. *Paris, Plon*, 1893. — Napoléon et la Reine
Hortense, d'après le Journal de la lectrice de la Reine. *Paris,
Tallandier, s. d.*, fig. — Ens. 4 vol. in-8 et in-12, demi-rel.,
cart. et br.

    Envoi de MM. Arthur Lévy et Castanié.

353. NAPOLÉON, texte par Fr. Coppée, Frédéric Masson, G. Bapst,
von der Goltz, etc. *Paris, Bureaux de La Vie contemporaine*,
1894, fig. — Napoléon, illustrated with prints from contempo-
rary and other portraits, by Herbert Baily. *London, The connoisseur magazine*, 1908, nomb. planches. — Geoffroy (Louis)
Napoléon apocryphe. *Paris, Lib. illustrée, s. d.* — Rosebery.
Napoléon. La dernière phase, trad. de l'anglais, par Aug. Filon.
Ens. 4 vol. in-4 et in-12, demi-rel., cart. et br.

    Le premier ouvrage est un des 100 exemplaires num. sur papier du
Japon.

354. NAPOLÉON, la République, le Consulat, l'Empire, Sainte-Hélène. *Paris, Hachette, s. d.*, album, in-4 oblong, nomb. planches, chag. vert, tête dorée, fers spéciaux.

355. NAPOLÉON Ier. Revolution und Kaiserreich. — Das Erwachen
der Völker, herausgegeben von Dr J. v. Pflugk. Harttung

unter Mitwirkung. Bardeleben H. Dechend, Ed. Meyer, etc. mit
Illustrationem Adam, Bellengé, Faber du Faur, Isabey, Lami,
Rugendas, Vernet, Wicar, etc. *Berlin, s. d.*, 2 v. in-4, nombr.
fig., cart. toile.

356. NAPOLÉON III. Histoire de Jules César. *Paris, Plon*, 1865-
1866, 2 vol. gr. in-8 et un atlas in-4, demi-rel., dos et coins de
maroq. bleu, dos ornés, tête dorées, non rogn. (*Franz*).

357. NEY. Mémoires du Maréchal Ney, Duc d'Elchingen, Prince de
la Moskowa, publ. par sa famille. *Paris, Fournier,* 1833, 2 vol.
in-8, demi-rel. chag. bleu, tr. jasp.

Manque l'Atlas.

358. NODIER (Charles). Journal de l'expédition des Portes de Fer.
Paris, Imprimerie Royale, 1844, gr. in-8, fig. par Raffet, mar.
rouge, janséniste, doublé de maroq. bleu orné d'une large dentelle composée de filets, fleurettes, rinceaux et palmettes,
doubles gardes, tr. dorées, étui de maroq. grenat (*Chambolle-
Duru*).

Superbe exemplaire portant sur un f. de garde la dédicace autog. du
duc de Chartres « *A Monsieur Detaille, remerciement des plus
affectueux. R. d'Orléans, colonel du 12ᵉ chasseurs. Rouen, le
13 février 1879.*

359. NOLHAC (Pierre de). La Dauphine Marie-Antoinette. *Paris,
Boussod, Valadon*, 1896, in-4, fig. en noir et en couleur, demi-
rel. maroq. bleu, tête dorée, non rogn., couv. cons. (*Franz*).

Exemplaire offert, non numéroté.

360. NORVINS (De). Histoire de Napoléon, vignettes par Raffet.
Paris, Furne, 1839, gr. in-8, fig., demi-rel., dos et coins de
mar. bleu, non rogn., couv. ill. cons.

Premier tirage des illustrations de Raffet.

361. NORVINS. Mémorial de J. de Norvins, publié avec un aver-

tissement et des notes par de Lanzac de Laborie. *Paris, Plon,*
1896-1897, 3 vol. in-8, port., cart. demi-toile, têtes rouges, non
rogn., couv. cons.

362. ORDONNANCE provisoire sur l'exercice et les manœuvres de
la Cavalerie, rédigée par ordre du Ministère de la Guerre du
Ier Vendemiaire an XIII. *Paris, Cordier,* 1809-1813, 1 vol. in-8,
texte et 1 vol. de 126 planches gr., veau rac, dos ornés, tr. jasp.
(*Rel. anc.*).

> On y joindra un double du volume de planches, contenant en plus
> 8 pp. de sonneries, br.

363. ORDONNANCE du Roi, du 4 mars 1831, sur l'exercice et les
manœuvres de l'infanterie. *Paris, Imprimerie Royale,* 1831,
2 vol. pet. in-folio, dont 1 de texte et 1 de 64 planches et 9 p. de
de musique des batteries et sonneries, maroquin rouge à long
grain, filet et large dentelle dorés, angles et milieux ornés à froid,
dos orné, dent. intér., tr. dorées (*Rel. de l'époque*).

> On joindra, Ordonnance du Roi du 6 décembre 1829, sur les exer-
> cices de Cavalerie. *Paris, Imp. Royale,* 1829, 2 vol. in-fol., dont 1 de
> 130 pl., plus 16 pl. de musique, demi-rel. vél. vert.

364. ORLÉANS (Duc d'). Récits de campagne. 1833-1841, publiés
par le Comte de Paris et le Duc de Chartres. — Campagnes de
l'Armée d'Afrique, 1835-1839. *Paris, Calmann-Lévy,* 1870-1890.
— Lettres 1825-1842, publiées par ses fils le Comte de Paris et le
Duc de Chartres. *Paris, Lévy,* 1889. — Ens. 3 vol. in-8, demi-
rel. 2 mar. bleu, 1 mar. rouge.

> Ex-dono des fils du Duc d'Orléans, au premier volume.

365. PAJOL. Général en chef, par le Général Comte Pajol, son fils
aîné. *Paris,* 1874, 3 vol. in-8, portr., demi-rel., dos et coins
chag. roug., têtes rouges, non rogn.

> Manque l'Atlas.

366. PAJOL (Comte). Les Guerres sous Louis XV. *Paris, Didot,* 1881,

2 vol. in-8 (tomes I et II), 1 atlas in-fol. — Journal inédit de Jean-Baptiste Colbert, Marquis de Torcy, pendant les années 1709, 1710 et 1711, publié par Frédéric Masson. *Paris, Plon,* 1884. — Le Général Auguste Colbert (1793-1809). Traditions, souvenirs touchant sa vie et son temps recueillis par son fils le Marquis de Colbert-Chabanais. *Paris, Berger-Levrault,* 1888, 3 vol. in-12. — Ens. 6 vol. in-8 et in-12, 1 atlas in-fol., cart. et demi-rel.

Envoi de Frédéric Masson, au second ouvrage.

367. PARQUIN. Souvenirs du Capitaine Parquin, 1803-1814, dessins par de Myrbach, Dupray, Walker, Sergent, Marius Roy. Introduction par Fr. Masson. *Paris, Boussod et Valadon, s. d.* (1892), in-4, br.

368. PARQUIN (Commandant). Souvenirs et Campagnes d'un vieux soldat de l'Empire (1803-1814). *Paris, Berger-Levrault,* 1892, port. — Faré (Ch.) : Lettres d'un jeune officier à sa mère, 1803-1814. *Paris, Delagrave,* 1889, fig. et port. — Henckens (Lieutenant). Mémoires se rapportant à son service militaire au 6ᵉ Régiment de chasseurs français de février 1803 à août 1816. *La Haye,* 1910. — Ens. 3 vol. in-8, demi-rel. et br.

369. PELLEPORT (Vicomte de). Souvenirs militaires et intimes du Général Vicomte de Pelleport, 1793-1853, publ. par son fils. *Paris, Didier,* 1857, 2 vol. in-8, portr., demi-rel. basane, tr. jasp.

370. PEPÉ. Mémoires du général Pepé sur les principaux évènements politiques et militaires de l'Italie moderne. *Paris, Amyot,* 1847, 3 vol. in-8, demi-rel. mar. brun, têtes dorées, non rogn. (*Durvand-Thivet*).

371. PERRINET D'ORVAL. Manuel de l'artificier. Seconde édition, revue, corrigée et augmentée. *Paris, Jombert,* 1757, in-12, 12 planches, rel. veau. — Aide-mémoire à l'usage des officiers d'artillerie. *Paris, Levrault,* 1836, 14 planches. — Ens. 2 vol. in-8 et in-12, rel. et cart.

372. **PERROT (A.-M.).** Collection historique des Ordres de chevalerie civils et militaires, existant chez les différens peuples du monde, suivie d'un tableau chronologique des ordres éteints. Ouvrage orné de 40 planches gravées en taille-douce et coloriées avec soin. *Paris, André,* 1820, in-4, 40 planches en couleur, veau rac., dent., dos orné, tr. marb.

373. **PEYRE (Roger).** Napoléon Ier et son temps. Histoire militaire, gouvernement intérieur, lettres, sciences et arts. Ouvrage illustré de 13 planches en couleur et 431 gravures. *Paris, Didot,* 1888, gr. in-8, demi-rel. chag. rouge, plats toile, fers spéciaux.

> Premier tirage.

374. **PFLUGT-HARTTUNG.** Die heere und Flotten der Gegenwart Begründet von Pflugt Harttung herausggeben von Zepelin. *Berlin, s. d.,* 4 vol. in-8, nombr. fig., cart., tr. rouge.

> Tome Ier. La France. IIe Grande-Bretagne et l'Irlande. IIIe La Russie. IVe Autriche-Hongrie.

375. **PRESCOTT (W.-H.).** Histoire de la conquête du Pérou, précédée d'un tableau de la civilisation des Incas, trad. de l'anglais par Poret, 3 vol. — Histoire de la conquête du Mexique avec un tableau préliminaire de l'ancienne civilisation mexicaine et la vie de Fernand Cortès, publiée en français par Amédée Pichot, 3 vol., planches. *Paris, Didot,* 1861-1863. — Ens. 6 vol. in-8, cart. demi-toile, têtes rouges, non rogn., couv. cons.

376. **PROCÈS-VERBAL** de la cérémonie du Sacre et du couronnement de LL. MM. l'Empereur Napoléon et l'Impératrice Joséphine. *Paris, Imp. Impériale,* 1805, in-4. — Etiquette du Palais Impérial. Année 1806. *Paris, Imp. Impériale,* 1806, in-4. — Liste Impériale, ou l'indicateur des gens en place. *Paris, Aubry,* s. d. — Ens. 3 vol. in-4 et in-12, demi-rel. et cart.

> L'Etiquette du Palais est de la réimpression faite par l'Imp. Impériale en 1852.
>
> Ex-libris du Comte de Lagrange, au premier volume.

377. QUATREBARBES (Théodore de). Souvenirs de la campagne
d'Afrique. *Angers*, 1830. — Fernel. Campagne d'Afrique en
1830. *Paris, Barrois*, 1831, port. et cartes. — Souvenirs intimes
d'un vieux Chasseur d'Afrique, recueillis par Gandon. *Paris*,
1859. — Watbled. Souvenirs de l'Armée d'Afrique. *Paris*, 1877.
— Castellane (Comte de). Souvenirs de la Vie militaire en Afrique. *Paris*, 1879. — Souvenirs d'un officier du 2e zouaves. *Paris*, 1880. — Montagnac (De). Lettres d'un soldat. Neuf années
de campagnes en Afrique. *Paris, Plon*, 1885. — Ens. 7 vol. in-8
et in-12, demi-rel. et cart.

Le premier ouvrage est sans titre, couverture conservée.

378. RÉAL. Indiscrétions. 1798-1830. Souvenirs anecdotiques et politiques tirés du portefeuille d'un fonctionnaire de l'Empire
mis en ordre par Musnier Desclozeaux. *Paris, Dufey*, 1835, 2 vol.
— Appert (B.). Dix ans à la Cour du roi Louis-Philippe et souvenirs du temps de l'Empire et de la Restauration. *Paris*, 1846,
3 vol. — Flers (Marquis de). Le Roi Louis-Philippe, vie anecdotique. 1773-1850. *Paris, Dentu*, 1891, port. et fac-similé. —
Ens. 6 vol. in-8, demi-rel.

379. RÉMUSAT. Mémoires de Madame de Rémusat. 1802-1808, publiés par son petit-fils, Paul de Rémusat. *Paris, Lévy*, 1880,
3 vol. in-8, demi-rel. chag. bleu, tr. jasp.

380. RETZ. Mémoires du Cardinal de Retz, contenant ce qui s'est
passé de remarquable en France pendant les premières années
du règne de Louis XIV. *Genève, Fabry*, 1751, 4 vol. in-12, veau
rac., dos ornés, tr. marb. (*Rel. anc.*).

381. RIST (Al.-P.-F.). En Rekrut fra fire og treds. Illustreret af
Frants Henningsen. *Kobenhavn*, 1897, in-4, demi-rel. mar.
bleu, tête dor., non rogn., couv.

382. ROCCA (de). Mémoires sur la guerre des Français en Espagne.
Paris, Gide, 1814. — Mémoires d'un officier Français prison-

nier en Espagne, par un officier de la Garde Royale. *Paris, Boulland*, 1823, cartes. — Ducor (Henri). Aventures d'un marin de la Garde Impériale, prisonnier de guerre sur les pontons espagnols. *Paris, Dupont*, 1833, 2 vol., fig. — Bourgoing (A. de). L'Espagne, souvenirs de 1823 et de 1833. *Paris, Dufart*, 1834. — Wagré. Mémoires des captifs de l'île de Cabréra. *Paris, L'auteur*, 1835. — Lejeune (Général). Sièges de Saragosse. *Paris, Didot*, 1840, carte. — Fée (A.). Souvenirs de la guerre d'Espagne, dite de l'Indépendance. 1809-1813. *Paris, Berger-Levrault,* 1856. — Les suites d'une capitulation, relations des captifs de Baylen. Extraits choisis par Lorédan Larchey. *Paris*, 1884. — Ernouf (Baron). Souvenirs d'un officier polonais. Scènes de la vie militaire en Espagne et en Russie (1808-1812). *Paris, Charpentier*, 1877. — Ens. 10 vol. in-8 et in-12, demi-rel. et cart.

Envois autog. de Bourgoing à Grangier de La Marinière, de Lejeune au Général Baron Merlin et de Lorédan-Larchey à Ed. Detaille.

383. ROGUET. Mémoires militaires du lieutenant général comte Roguet, Colonel en second des Grenadiers à pied de la Vieille Garde, Pair de France. *Paris*, 1862, 4 vol. in-8, cart., dos et coins toile, non rogn.

384. ROHR (H.-V.). Geschichte des 1 Garde-Dragoner-Regiments zusammengestellt von H. V. Rohr, mit ubbildungen, Karten und planem. *Berlin, Siegfried Mittler*, 1880, gr. in-4, port. et nombr. planches, demi-rel. maroq. bleu, tête dorée, non rogn.

385. ROSS-OF-BLADENSBURG (Lieut. Col.). A History of the Coldstream Guards from 1815 to 1895. Illustrated by Lieut. Neville R. Wilkinson. *London*, 1896, in-4, port. et costumes, pl. en couleur, cart., non rogn.

386. ROUSSET (Lieut.-Col.). Histoire générale de la Guerre Franco-Allemande. 1870-1871. *Paris, Tallandier, s. d.*, 2 vol. in-4, nomb. fig., demi-rel. chag. vert, plats toile, fers spéciaux.

Envoi d'auteur.

387. ROVEREA (F. de). Mémoires de F. de Roverea, Colonel d'un régiment de son nom, à la solde de Sa Majesté Britannique. Ecrits par lui-même et publiés par C. de Tavel. *Paris*, 1848, 4 vol. in-8, portr., demi-rel. bas. noire, tr. jasp.

388. SAINT-AMAND (Imbert de). La Cour de l'Impératrice Joséphine. *Paris, Dentu*, 1889, in-4, fig.; demi-rel., dos et coins de mar. vert, tête dorée, non rogn., couv. cons. (*Durvand-Thivet*).

389. SAINT-AMAND (Imbert de). La Cour de l'impératrice Joséphine. *Paris, Dentu*, 1889, in-4, nombr. fig., demi-rel., dos et coins chag. rouge, tête dor., non rog.

390. SAINT-ARNAUD. Lettres du Maréchal de Saint-Arnaud. 1832-1854. *Paris, Lévy*, 1864, 2 vol. in-12. — Récits du brigadier Flageolet. Souvenirs intimes d'un vieux chasseur d'Afrique, recueillis par Antoine Gandon, ill. de Worms. *Paris, Dentu,* 1859. — Noë (Vicomte de). Les Bachi-Bozouks et les Chasseurs d'Afrique. *Paris, Lévy*, 1861. — Aumale (Duc d'). Les zouaves et les Chasseurs à pied. *Paris, Lévy*, 1878. — Camus (Ant.). Les Bohèmes du Drapeau. *Paris, Brunet,* 1863. — Souvenirs d'un officier du 2e zouaves. *Paris*, 1859. — Maynard (Dr). Souvenirs d'un zouave devant Sébastopol. *Paris*, 1856. — Armand (Dr). Souvenirs d'un médecin militaire. *Paris*, 1858. — Ens. 9 vol. in-12, demi-rel. et cart.

391. SAVARY DE LANCOSME-BRÈVES (Comte). De l'Equitation et des Haras, dessins par Giraud. *Paris, Rigo*, 1842, gr. in-4, fig. et planches hors texte, demi-rel.

392. SAYVE (Aug. de). Souvenirs de Pologne et scènes militaires de la campagne de 1812. *Paris, Dufart*, 1834, front., cart. demi-toile, non rog., recto de la couv. cons.

Bel exemplaire lavé et encollé.

393. SCHLUMBERGER (Gustave). Vieux Soldats de Napoléon. *Paris*, 1904. Vignettes de H. Chardin et Gusman. — Derniers soldats de Napoléon. Dessins de Job. *Paris*, 1905, 2 vol.

394. SCHNEIDER (Louis). L'Empereur Guillaume. Souvenirs intimes revus et annotés par l'Empereur Guillaume, traduit de l'allemand par Ch. Rabany. *Paris, Berger-Levrault*, 1888, 3 vol. in-8, demi-rel. mar. bleu à long grain, têtes rouges, non rogn. — Fesch (Paul). Constantinople aux derniers jours d'Abdul-Hamid. *Paris, Rivière, s. d.*, fig., br. — Ens. 4 vol. gr. in-8, demi-rel. et br.

395. SÉGUR (Général, Comte de). Histoire de Napoléon et de la Grande Armée en 1812. *Paris, Houdaille*, 1834, 2 vol. in-8, fig. et cartes. — Fragments sur la Campagne de Russie (par Peltier). Extraits de l'*Ambigu. Paris*, 1814. Durdent : Campagne de Moscow, en 1812. *Paris, Eymery*, 1814. Giraud : Campagne de Paris, en 1814, précédée d'un coup d'œil sur celle de 1813. *Paris, Eymery*, 1814, 3 ouvrages en 1 vol., carte. — Caillot : Campagne de Moscou, contenant des récits extraordinaires sur les Armées françaises ; précédée de l'histoire de Russie, revue et augmentée par Gassier. *Paris, Arnaud*, 1817, in-12, fig. — Ens. 5 ouvrages en 4 vol. in-8 et in-12, demi-rel. et cart.

> L'ouvrage de Ségur et incomplet d'une planche, 1 portrait a été colorié. Les Fragments sur la Campagne de Russie et l'ouvrage de Durdent sont rares.

396. SEIGNOBOS (Ch.). Scènes et épisodes de l'histoire nationale, illustrés de 60 compositions inédites. *Paris, Colin*, 1891, in-4, br.

> Exemplaire imprimé pour M. Detaille.

397. SOLTYK (Comte Roman). La Pologne, précis historique, politique et militaire de sa Révolution, précédé d'une esquisse de l'histoire de la Pologne. *Paris, Pagnerre*, 1833, 2 vol. in-8, portraits et cartes, demi-rel. maroq. bleu, têtes rouges, n. rogn.,

couv. cons. — Rocznik Woyskorvy, Krolestwa Polskiego, na
Rok 1821. *Warszawie,* in-12, 13 planches d'uniformes coloriés,
cart. demi-toile. — Ens. 3 vol. in-8 et in-12, demi-rel. et cart.

398. STEENACKERS (F.). L'Invasion de 1814 dans la Haute-Marne.
Paris, Didier, 1868. — Dry (A.). Reims en 1814 pendant l'invasion. *Paris, Plon,* 1902, fig. et port. — Montagnon (L.).
Défense de Compiègne en 1814. *Paris, Baudoin,* 1890. — Ens.
2 vol. et 1 plaq. in-8, cart. et br.

> Envoi d'auteur aux deux premiers volumes.

399. STILLFRIED-ALCANTARA (Graf) und Bernh. Kugler. Die
Hohenzollern und das Deutsche Vaterland. Illustrut von Bleib-
tren, U. Menzel, Werner, etc. *München Bruckmann's,* 1881,
2 parties en 1 vol. gr. in-4, nomb. pl. et fac-simile, demi-rel.
chag. vert, plats toile, fers spéciaux.

400. TALLEMANT DES RÉAUX. Historiettes, troisième édition entiè-
rement revue sur le manuscrit original par MM. Monmerqué et
Paulin Paris. *Paris, Téchener,* 1854-1860, 9 vol. in-8, demi-rel.
mar. vert, dos ornés, tr. jasp.

401. TARDIEU (Ambroise). La Colonne de la Grande armée d'Austerlitz ou de la Victoire. Monument Triomphal érigé en bronze,
sur la place Vendôme. *Paris, Tardieu,* 1822, in-4, cart., non
rogn.

> Rousseurs.

402. TASSIN (Nicolas). Les Plans et profils de toutes les principales
villes et lieux considérables de France. Recueil factice de
84 cartes ou plans, principalement du Roussillon, de l'Artois,
Picardie, etc., sans titre, in-4 oblong, maroq. rouge, filets, dos
orné, tr. dorées (*Rel. anc.*).

> Aux armes de Charles de Mazarin, duc de La Meilleraye. Tache sur
> un plat de la reliure.

403. THIEBAULT. Mémoires du Général Baron Thiebault, publiés
par F. Calmettes. *Paris, Plon*, 1894-1895, 4 vol. in-8, port.,
demi-rel. maroq. vert, têtes dorées, non rogn., couv. cons.
(*Franz*).
Tomes I à IV.

404. THIERS (A.). Histoire de la Révolution française. *Paris,
Lecointe*, 1834, 10 vol. in-8, nomb. fig. de Johannot, demi-rel.
veau rouge, dos ornés, tr. marb. (*Rel. de l'époque*). — Histoire
du Consulat. Edition illustrée de 70 dessins. *Paris, Lheureux*,
1865. — Histoire de l'Empire, édition illustrée de 280 dessins.
Paris, Lheureux, 1865, 4 vol. in-4, demi-rel. veau vert, tr.
jasp. — Ens. 15 vol. in-8 et in-4, demi-rel.

405. TOUCHARD-LAFOSSE. Souvenirs d'un demi-siècle, 1789-
1836. Ouvrage complémentaire des Chroniques de l'œil de
Bœuf. *Paris, Dumont*, 1840, 6 vol. in-8, demi-rel. chag. bleu,
tr. jasp.
Rousseurs, et déchirure à un feuillet enlevant une partie du texte.

406. TOUCHEMOLIN (Alfred). Strasbourg militaire, avec nombreuses compositions de l'auteur. *Paris, Hennuyer*, 1894, gr.
in-4, fig., br.
Tiré à 500 exemplaires num. sur papier vélin.

407. VALLET (L.). Le Chic à Cheval, histoire pittoresque de l'équitation, préface de M. Henri Lavedan. Ouvrage illustré de plus
de 300 gravures dont 50 en couleurs d'après les dessins de
l'auteur. *Paris, Didot*, 1891, in-4, fig. en feuilles.
Exemplaire imprimé sur PAPIER DU JAPON pour M. Edouard Detaille,
enrichi sur le faux-titre d'une belle AQUARELLE ORIGINALE de L. Vallet.

408. VALLET (L.). A travers l'Europe. Croquis de Cavalerie.
Ouvrage illustré de 300 gravures dans le texte et 50 en couleurs,
d'après les dessins de l'auteur. *Paris, Didot*, 1893, in-4, fig. en
feuilles, couv. ill.
Exemplaire imprimé sur papier du Japon, pour M. Ed. Detaille.

409. VAN NECK (Léon). Waterloo illustré (Campagne de 1815),
spécialement au point de vue de la Belgique, 1903, fig. —
Même ouvrage. Deuxième édition, 1906. — 1830, illustré. Avant.
pendant et après la Révolution, 1902, fig. — 1870-1871 illustré,
Bruxelles, 1903-1907. — Ens. 4 vol. gr. in-8, fig., cart. et br.

    Envois d'auteur.

410. VAUDONCOURT (De). Mémoires pour servir à l'histoire de
la Guerre entre la France et la Russie en 1812, par un officier
de l'Etat-Major de l'armée française (G. de Vaudoncourt).
Londres, Deboffe, 1815, 2 tomes dont 1 de texte et 1 atlas de
15 cartes, en 1 vol. in-4, cart., dos et coins de toile, non rogn.

411. VAULABELLE (A. de). Histoire des deux Restaurations jusqu'à la chute de Charles X. *Paris, Perrotin*, 1847-1854, 7 vol.
in-8, cartes, demi-rel. veau fauve, dos ornés, tr. jasp.

    Lég. rousseurs.

412. VAUX (Baron de). L'Equitation en France. Les Ecoles de
Cavalerie. Préface par S. A. I. le prince Roland Bonaparte.
Orné de 16 planches et de 270 illustrations. *Paris, Rothschild*,
1896, in-8, fig., demi-rel. chag. bleu, tête dorées, non rogn.,
couv. ill. cons.

    Envoi d'auteur.

413. VENTURINI (Dr Carl). Russlands und Deutschland besreiungs-
kriège von der Franzosen-herrschaft unter Napoleon Buonaparte
in den Jahren, 1812-1815. *Leipzig*, 1816-1819, 4 vol. in-8, fig.
demi-rel. bas., tr. jasp.

    4 frontispices, 9 planches de portraits, 12 planches de costumes
militaires, dess. par Opiz, et coloriées, 3 cartes.

414. VÉRON (L.). Nouveaux Mémoires d'un bourgeois de Paris,
depuis le 10 décembre 1848 jusqu'aux élections générales de
1863. Le second Empire. *Paris, Lacroix*, 1866. — Denormandie.

Notes et souvenirs. *Paris*, 1896. — Temps passé, jours présents
(Notes de famille). *Paris*, 1900. — L'Empire et les avocats,
Paris, 1872. — Nouvelle lettre de Junius à son ami A. D.
Paris, 1871. — Giraudeau. Napoléon III intime. *Paris, Ollendorff*, 1895. — Beauregard (Comte D. de). Etude et revue
de l'histoire de l'empereur Napoléon III. *Nice*, 1903. —
Laity (A.). Relation historique des événements du 30 octobre
1836. Le prince Napoléon à Strasbourg. *Paris*, 1838. — Ens.
8 vol. in-8, demi-rel., cart. et br.

> La Nouvelle lettre de Junius est imprimée sur papier de Hollande,
> envoi d'auteur.

415. VOGT (Hermann). Das Buch vom Deutschen heere, dem deutschen volke gewidmet, mit 150 illustrationen von R. Knotel.
Bielefeld und Leipzig, 1885, demi-rel. — Tanera. Krieg und
Frieden ernstes und heiteres. *Berlin, s. d.*, fig., cart. — Ens.
2 vol. gr. in-8, demi-rel. et cart.

416. WALLHAUSEN (Jean-Jacques). Art militaire à cheval. Instruc-
tion des principes et fondements de la cavallerie, et de ses
quatre especes ascavoir, lances, corrasses, arquebus et Drageons
avec tout ce qui est de leur charge. Avec quelques nouvelles
inventions de batailles ordonnées de Cavallerie. Experimente,
descript et representé par plusieurs belles figures entaillées en
cuivre. *Zutphen, André d'Aelst*, anno 1621, in-fol., vélin.

> Incomplet des planches 1, 4, 8, 10, 12.

417. WATERLOO. Relation anglaise de la bataille de Waterloo, ou
du Mont-Saint-Jean, trad. par Ambroise Tardieu. *Paris*, 1815,
in-8, pl. grav. et coloriée. Cartes. — Campagne et bataille de
Waterloo, par A. de Vaulabelle. *Paris*, 1845, fig. et cart. —
Waterloo. Bruxelles après la bataille récit d'un témoin oculaire
par le Comte de Saint-Germain. *Bruxelles*, 1886. — Ens. 3 vol.,
1 in-8 et 2 in-12, demi-rel.

HISTOIRES DES ARMÉES
HISTORIQUES DES RÉGIMENTS

418. ALBOIZE et Ch. Elie. Fastes des Gardes Nationales de France. *Paris, Goubaud,* 1849, gr. in-8, fig. par Bellangé, Beaucé, Lemud, etc., et planches de costumes coloriées, cart. toile, tr. jasp.

419. BOPPE (Commandant). La Légion portugaise, 1807-1813. — La Croatie militaire (1809-1813). Les régiments Croates à la Grande Armée. *Paris, Berger-Levrault,* 1897-1900. — Ens. 2 vol. gr. in-8, fig. et planches de costumes coloriés, demi-rel. et br.

> Le second volume est imprimé sur papier de Hollande et porte un envoi d'auteur à Ed. Detaille.

420. BOURNAND (Fr.). Le Régiment des Sapeurs-Pompiers de Paris, dessins de Charles Morel. *Paris, Moutonnet,* 1887, in-4, fig. en feuilles. — Bulletin officiel du Ministère de la Guerre. Décision portant description de l'uniforme des Sapeurs-Pompiers de la ville de Paris, 1895. — Rey et Féron. Histoire du Corps des Gardiens de la Paix, orné de 94 planches en couleurs et 266 gravures en noir. *Paris, Didot,* 1896, fig. — Ens. 3 vol. in-4 et in-8, cart. et br.

421. BUÉ (Capitaine). Livre d'or des Carabiniers, illustré par Ed. Detaille, Titeux, Van Muyden. *S. l. n. d. (Paris, Imp. Blot,* 1898), gr. in-4, nomb. fig., en noir et en couleur, veau bleu, filets et listel en mosaïque de mar. orange, dos orné, fers spéciaux, tête dorée, non rogn.

> Tiré à 430 exemplaires.

422. CARNOT. Les volontaires de la Côte-d'Or. Origines historiques, formations de 1789 et 1791, veillée des armes, par Sadi Carnot. *Dijon, Venot,* 1906, in-4, front. en coul., fig., br.

> Envoi de Sadi Carnot.

423. CHAVANE (J.). Histoire du 11e Cuirassiers, illustré par Maurice de Castex. *Paris, Charavay*, 1889, in-8, portr., demi-rel. chag. bleu, tête dor.

424. CHODZKO (Léonard). Histoire des Légions polonaises en Italie, sous le commandement du général Dombrowski. *Paris, Barbezat,* 1829, 2 vol. in-8, port. — Boppe (Commandant). Les Espagnols à la Grande Armée. *Paris*, 1890, fig. — Ribeiro (Arthur). A Legiao portugueza ao serviço de Napoleao, 1808-1813. *Lisboa*, 1901, fig., en noir et en coul. — Ens. 4 vol. in-8, demi-rel. et br.

> La carte d'Italie manque au premier ouvrage. Envois de MM. Boppe et Ribeiro.

425. CHOPPIN (Capitaine H.). Les Hussards. Les vieux Régiments. 1692-1792. Illustrations de Fonrémis. *Paris, Berger-Levrault,* 1899. — Fallou (L.). Nos Hussards (1692-1902). Formations, uniformes, équipements, armements, harnachements. *Paris, La Giberne*. 1902, nomb. pl. en couleurs. — Histoire de tous les Régiments de Hussards, par l'abbé Staub. *Fontenay*, 1867, in-12, demi-rel. — Ens. 3 vol. in-4 et in-12, demi-rel. et br.

> Envoi d'auteur au premier volume.

426. CLARIS (Gaston). Notre École polytechnique. *Paris, Lib. Imp. réunies,* 1895, in-4, nomb. fig., cart. toile, fers spéciaux.

> Exemplaire imprimé spécialement pour M. Edouard Detaille.

427. CRUYPLANTS (Eugène). Histoire illustrée d'un Corps Belge au service de la République et de l'Empire. La 112e demi-Brigade. Côtes de l'Océan. Italie. Espagne. 1803-1814. *Bruxelles*, 1902, in-4, nomb. fig., br. — Schaller (de). Histoire des troupes Suisses au service de la France sous le Règne de Napoléon Ier. *Lausanne*, 1883, in-8, planches. Ens. 2 vol., cart. et br.

428. CUDET (Fr.). Histoire des corps de troupe qui ont été spécialement chargés du service de la Ville de Paris, depuis son origine jusqu'à nos jours, illustrée en couleurs par Eug. Chaperon, Clairin, Courboin, Detaille, etc. *Paris, Pillet*, 1887, gr. in-8, fig. en noir et en couleur, demi-rel., dos et coins de mar. vert, tête dorée, non rogn., couv. cons.

> Envoi d'auteur à Ed. Detaille.

429. **DARIER-CHATELAIN.** Historique du 3ᵉ Régiment de Tirailleurs Algériens. *Constantine*, 1888, in-8, demi-rel. mar. bleu, tête dorée, non rogn., couv. ill. cons.

430. **DU FRESNEL (Commandant).** Un Régiment à travers l'histoire. Le 76ᵉ, ex 1ᵉʳ Léger. Préface de François Coppée. Ouvrage illustré de drapeaux et uniformes en couleurs, nombreux portraits, gravures anciennes, etc. *Paris, Flammarion*, 1894, in-4, fig., demi-rel. mar. bleu, tête dorée, non rogn., couv. cons. (*Franz*).

431. **DURUY (Victor).** Le 1ᵉʳ Régiment de Tirailleurs Algériens. Histoire et Campagnes, préface par Ernest Lavisse. *Paris, Hachette*, 1899, in-4, fig., demi-rel. mar. bleu, tête dorée, non rogn., couv. ill. cons.

432. **FALLOU (L.).** La Garde Impériale (1804-1815). Ouvrage illustré de 450 dessins dans le texte par E. Grammont, M. Orange, L. Vallet, et de 60 compositions hors texte, en couleurs, d'après les aquarelles de J. Chelminski, Dupray, M. Orange, et L. Vallet. *Paris, La Giberne*, 1901, in-4, fig., maroq. vert empire, jans., dent. intér., tête dorée, non rogn., couv. cons.

> Exemplaire imprimé spécialement pour M. Edouard Detaille, sur papier de Hollande et contenant les planches hors texte en double état, en noir et en couleur, sur papier du Japon. Il est enrichi d'une importante et belle aquarelle originale de Maurice Orange, avec dédicace à Ed. Detaille.
> Envoi d'auteur.

433. **GARDES.** Considérations sur les Gardes-du-Corps et sur leur mode de recrutement. *Paris, Demonville*, 1821, br. — Balleydier (Alph.). Histoire de la Garde Républicaine, illustrée par

Jules David. *Paris, Martinon,* 1848, fig., demi-rel. — Verly (Albert). L'Escadron des Cent-Gardes, illustrations de Félix Régamey. *Paris, Ollendorff,* 1894, planches en couleur, demi-rel. — Ens. 3 vol. in-8, demi-rel. et br.

434. HISTORIQUES DE RÉGIMENTS. Chasseurs à pied, 4 vol. in-8, et in-12, cart.

Desroziers (G.). Histoire du 8° bataillon de Chasseurs. *Libourne,* 1887, fig. — Fastes de l'Armée française. Abrégé de l'historique du 11° bataillon (1854-1882). *Alençon,* 1883. — Historique du 20° bataillon de Chasseurs à pied, 1854-1879. *S. l. n. d.* — Historique du 20° bataillon de chasseurs à pied, 1854-1890. *Paris,* 1890.

435. HISTORIQUES DE RÉGIMENTS. Cuirassiers. 3 vol. gr. in-8, demi-rel. et cart.

Juzancourt (Commandant de). Historique du 10° Régiment de Cuirassiers (1643-1891). *Paris, Berger-Levrault,* 1893, fig. et pl. de costumes. — Place (R. de). Historique du 12° Cuirassiers (1668-1888), illustré par J. Bernard. *Paris, Lahure,* 1889, port. et pl. en couleur. — Juzancourt (de). Notice historique sur le corps des Carabiniers français. *Paris, Tanéra,* 1877.

436. HISTORIQUES DE RÉGIMENTS. Dragons. 3 vol. in-8 et in-12, demi-rel.

Choppin (H.). Histoire générale des Dragons, depuis leur origine jusqu'à l'Empire. *Paris,* 1879. — Joleaud (Capitaine). Histoire du 6° Régiment de Dragons, depuis sa formation jusqu'à nos jours. *Commercy,* 1863. — Alexandre (L.). Historique du 15° Dragons. *Libourne,* 1885, port.

437. HISTORIQUES DE RÉGIMENTS. Hussards. 4 vol. in-4, in-8 et in-12, demi-rel., cart. et broch.

Staub. Histoire de tous les régiments de Hussards. 2° Hussards-Chamborant. *Fontenay,* 1869. — Dupuy (Raoul). Historique du 3° régiment de Hussards de 1764 à 1887. *Paris, Piaget,* 1887, in-4, fig. et planches de costumes. — Ogier d'Ivry. Historique du 9° Régiment de Hussards et des Guides de la Garde. *Valence,* 1891, in-4, fig. et planches. — Gaboriau (Em.). Le 13° Hussards, types, profils, esquisses et croquis militaires. *Paris,* 1886.

438. HISTORIQUES DE RÉGIMENTS. Hussards. Historique du
9e Régiment de Hussards et des Guides de la Garde, par le
Commandant Ogier d'Ivry. *Valence,* 1891, fig. — La Jeune
Armée, par Jules Richard, illustrée d'aquarelles de L. Du Paty et
de dessins de Louis Trinquier. *Paris, Lib. Illustrée,* fig. — Ens.
2 vol. in-4, cart. et br.

> Envoi d'auteur au second volume.

439. HISTORIQUES DE RÉGIMENTS. Infanterie de Ligne. 7 vol.
ou plaq. in-8, in-12 et in-18, demi-rel. et cart.

> Lyden (de). Nos 144 Régiments de ligne. *Paris, s. d.* — Histoire du
> 2e Régiment d'Infanterie légère, publiée par ordre de S. A. R. Mgr le
> Duc d'Orléans. *Paris,* 1843. — Dupré : Les Fastes du 14e Régiment
> d'Infanterie de ligne, suivis d'une galerie biographique des militaires
> de ce régiment. *Paris, Anselin,* 1836. — Histoire des campagnes de
> la 21e demi-brigade, actuellement 21e régiment d'Infanterie légère.
> *Paris, Gillé,* 1833. — Napoléon-Ney. Résumé de l'historique du
> 36e Régiment d'Infanterie de Ligne. *Caen,* 1879. — Historique du
> 64e Régiment d'Infanterie, d'après les documents du dépôt de la
> Guerre. *Nantes,* 1880. — Historique du 106e Régiment d'Infanterie.
> *Paris, Lavauzelle, s. d.*

440. HISTORIQUE du 82e Régiment d'Infanterie de Ligne et du
7e Régiment d'Infanterie légère, 1684-1876, par P. Arvers, avec
les différents types d'uniformes, par Ch. Brecht, dessinés et gr.
à l'eau-forte par E. Collomb. *Paris, Lahure,* 1876, gr. in-8,
planches gr., demi-rel. maroq. bleu, tête dorée, non rogn., recto
de la couv. cons.

441. HISTORIQUES des corps de Troupe de l'Armée française (1569-
1900), illustrée de 35 planches hors texte et de 75 gravures dans
le texte. *Paris, Berger-Levrault,* 1900, in-4, fig., cart. toile, fers
spéciaux.

> Le volume a été placé à l'envers dans le cartonnage.

442. HUSSARDS de Chamborant (Les) (2e Hussards), avec une
introduction par le colonel de Chalendar. *Paris, Didot,* 1897,

in-8, fig. en noir et en couleurs, demi-rel. mar. brun, tête dorée,
non rogn., couv. ill. cons. (*Franz*).

443. LORÉDAN LARCHEY. Origines de l'artillerie française.
Planches autographiées d'après les monuments du xive et du
xve siècle, avec introduction, table et texte descriptif. *Paris,
Dentu*, 1863, in-4, 105 planches coloriées, demi-rel. mar. bleu.

> Ouvrage rare tiré à 125 exemplaires. Un des 20 contenant les
> planches coloriées par Lorèdan Larchey.
> Envoi autog. de ce dernier à Edouard Detaille.

444. MARTIN (Emm.). La Gendarmerie française en Espagne et en
Portugal (Campagnes de 1807 à 1814), d'après les archives du
Ministère de la guerre, etc. *Paris, Léautey*, 1898, in-8, fig. en
noir et en couleur, demi-rel. chag. bleu, tête dorée, non rogn.,
couv. ill. cons. (*Franz*).

> Un des 20 exemplaires num. sur papier de Hollande.
> Envoi d'auteur.

445. PIÉRON (Lieutenant). Histoire d'un régiment. La 32e demi-brigade (1775-1890). *Paris, Le Vasseur*, 1890, in-4, nomb. fig.,
demi-rel., dos et coins de maroq. bleu, tête dorée, non rogn.,
couv. cons. (*Durvand-Thivet*).

446. PINET (G.). Histoire de l'Ecole Polytechnique, avec 16 compositions de H. Dupray. *Paris, Baudry*, 1887, gr. in-8, fig., demi-
rel. chag. rouge, dos orné, tête jasp., non rogn., recto de la couv.
ill. cons.

447. REMBOWSKI (Alex.). Sources documentaires concernant l'histoire du régiment des Chevau Légers de la Garde de Napoléon Ier,
d'après des manuscrits originaux et des documents édités, publiés
et précédés d'une préface par A. Remboski. *Varsovie*, 1899, grav.
et fac-similé, demi-rel. cuir fauve, tête dor.

448. RICHARD (Capitaine). La Garde (1854-1870). Ouvrage illustré
de 380 gravures, dont 8 tirées en 2 teintes et 8 en couleurs, d'après

les aquarelles de Ch. Morel. *Paris, Furne*, 1898, in-4, fig., br., couv. ill.

> Exemplaire num. sur papier vélin imprimé spécialement pour M. Ed. Detaille.

449. SAINT-CYR. Histoire de l'Ecole spéciale militaire de Saint-Cyr, par un ancien Saint-Cyrien. Cinquante-deux compositions hors texte de Paul Jazet. *Paris, Delagrave*, 1886, in-4, nomb. fig. — Le Centenaire de Saint-Cyr, 1808-1908. *Paris, Berger-Levrault*, gr. in-8. fig. — Ens. 2 vol. in-4 et in-8, br.

450. SAUZEY (Capitaine). Les Allemands sous les Aigles françaises. Essai sur les troupes de la Confédération du Rhin, 1806-1814. *Paris, Chapelot*, 1902-1912, 6 vol. in-8, fig. et port., br. — Schaller (H. de). Souvenirs d'un officier Fribourgeois, 1798-1848. *Fribourg*, 1890, port. — Histoire des troupes suisses au service de France, sous le règne de Napoléon Ier. *Lausanne, Payot*, 1883, fig. et cartes. — Ens. 8 vol. in-8, demi-rel., cart. et br.

> Envoi d'auteur aux six volumes du premier ouvrage.

451. SIMOND (Emile). Le 28e de Ligne, historique du régiment d'après les documents du ministère de la guerre. *Rouen, Mégard*, 1889, in-4, fig., demi-rel. maroq. bleu, tête dorée, non rogn., couv. ill. cons.

> Longue dédicace autog. de l'auteur à M. Edouard Detaille.

452. SPITZ (Lieutenant J.). Histoire du 2e Régiment de zouaves, rédigée d'après des documents inédits puisés aux archives du ministère de la guerre. *Angers, Lachèse*, 1898, 2 vol. in-4, pap. de Hollande, fig. et cartes, demi-rel. maroq. bleu, têtes dorées, non rogn., couv. cons. (*Franz*).

453. SUSANE (Louis). Histoire de l'ancienne infanterie française. *Paris, Corréard*, 1849-1856, 8 vol. in-8 et 1 atlas in-4 de 151 planches de costumes coloriés, dess. par Philippoteaux, demi-rel. chag. bleu, tr. jasp., pl. montées sur onglets.

> Bel exemplaire.

On y joindra l'atlas du même ouvrage. *Paris, Corréard*, 1853, 151 planches en noir, avec dédicace autog. de Napoléon Ney à Ed. Detaille.

454. SUSANE (Général). Histoire de la Cavalerie française. *Paris, Hetzel*, 1874, 3 vol. in-12, demi-rel. — Choppin (Capitaine). La Cavalerie française. *Paris, Garnier*, 1893, gr. in-8, fig., cart. toile, fers spéciaux. — Ens. 4 vol. in-8 et in-12, demi-rel. et cart.

Envoi du Capitaine Choppin.

455. THOUMAS (Général). Les anciennes armées françaises. Exposition rétrospective militaire du ministère de la guerre en 1889. *Paris, Launette*, 1890, 2 vol. gr. in-4, nomb. planches en héliog., demi-rel., dos et coins de mar. bleu foncé, têtes dorées, non rogn. (*Durvand-Thivet*).

Exemplaire imprimé spécialement pour M. Ed. Detaille.

456. TITEUX (Eugène). Saint-Cyr et l'Ecole spéciale militaire en France. Fontainebleau. Saint-Germain. Préface par le Général Du Barail. Ouvrage illustré de 107 reproductions en couleurs et en noir. *Paris, Didot*, 1898, in-4, fig., br.

Envoi d'auteur à Edouard Detaille.

457. TOUCHEMOLIN (A.). Le Régiment d'Alsace dans l'armée française, illustré de 100 dessins par l'auteur, dont 6 planches coloriées. *Paris, Hennuyer*, 1897, gr. in-8, fig. et pl. de costumes, br.

Un des 12 exemplaires num. sur papier du Japon.

RECUEILS D'ESTAMPES ET DE LITHOGRAPHIES

458. ADAM (Albert). 24 croquis pittoresques dessinés d'après nature dans la Russie en 1812, par Albert Adam. *Munich, Hermann, s. d.*, in-4, oblong, 1 titre et 29 lithographies, cart. demi-toile.

459. ALLAIS (Henri). Rouen pittoresque. *S. l. n. d.*, gr. in-4, 12 planches d'après Maxime Lalanne, demi-rel., dos et coins de mar. brun, tête dorée, non rogn.
   Tirage à part de Les Arts et les Lettres.
   Envoi d'auteur.

460. ALLERS und Ludwig Ganghofer. Das Deutsche Jagerbuch. mit 12 monastbildern, in aquarelldruck nach originalen von Hugo Engl. *Stuttgart, s. d.*, pet. in-folio, nomb. fig. en noir et en couleurs, cart. toile, fers spéciaux.

461. ALLERS (C.-W.). Unsere Marine, 50 originalzeich nungen. *Breslau, Wiskott*, en feuilles, emboîtage. — Furst von Bismarck in Friedrichsruh. *Stuttgart, s. d.*, in-folio. — Freund Allers ein Kunstlerleben von A. Dlinda, mit beldern von C.-W. Allers. *Stuttgart, s. d.* — Ens. 3 vol. pet. in-folio et in-4, en feuilles et cart.

462. AMÉRIQUE. Recueil d'Estampes représentant les différents événemens de la guerre qui a procuré l'indépendance aux États de l'Amérique. *Paris, chez Ponce et Godeffroy, s. d.*, in-4, 1 titre, 13 planches par Marillier, Le Barbier, Le Paon, etc., gr. par Ponce et Godefroy, et 2 cartes, veau marb., filets, dos orné, dent. intér., tr. dorées (*Rel. anc.*).

463. BACLER D'ALBE. Promenades pittoresques et lithographiques dans Paris et ses environs. *Paris, à la lithographie de G. Engelmann*, 1822, pet. in-folio, 48 planches lithog., demi-rel., dos et coins de maroq. grenat à long grain, dos orné, tête dorée, non rogn. (*Durvand-Thivet*).

Très bel exemplaire sur grand papier vélin.

464. BOTTET (Capitaine Maurice). La Manufacture d'armes de Versailles. *Paris, Leroy*, 1903, pet. in-folio, br. et 16 planches en noir et en couleur, en feuilles.

Tiré à 23 exemplaires sur papier du Japon. Ex. non numéroté. Envoi d'auteur.

465. BRACKENBURY. The Campaign in the Crimea an historical sketch, by George Brackenbury, accompanied by forty double tinted plates from drawings taken on the spot by William Simpson. *London, Colnaghi*, 1855, in-4, 40 planches lithog., en feuilles, dans le cart. de l'éd.

466. BUSCH (Wilhelm). Schnaken und Schnurren. *Munchen, Braun*, s. d. — Hans Huckebein der Unglücksrabe. *Stuttgart, Hallberger* (2 ex.). — Stippstörchen fur Aeuglein und vehrchen. *Munchen, Bassermann*. — Schnurrdiburr oder die Bienen. *Munchen, Braun*. — Abenteuer eines Junggesellen. *Munchen, Bassermann*, 1881. — Sipps, der Asse. *Munchen*, 1879. — Plisth und Plum, *Munchen*, 1882. — Der heilige Antonius von Paduci. *Strasburg*, s. d. — Même ouvrage. *Lahr, Schauenburg*. — Ens. 10 albums in-4 et in-8, cart. et br.

467. CAMPAGNES des Français sous le Consulat et l'Empire. Album de cinquante-deux batailles et cent portraits des maréchaux, généraux, etc. Collection de 60 planches, dite Carle Vernet, faite d'après les tableaux de ce grand maître et les dessins de Swebach. *Paris*, s. d., in-folio, cart. toile, fers spéciaux.

468. CARAN D'ACHE. Œuvres. *Paris, Plon*, 10 albums in-4 et in-8, cart. et br.

Nos Soldats du Siècle. — Album Caran d'Ache, 2ᵉ série. — Nick

Bénar. A la découverte de la Russie. — C'est à prendre ou à laisser.
— Pages d'histoire. — L'Album des Lundis. — Les Lundis du Figaro.
— Histoire de Malborough (2 exempl.). — Carnet de chèques.

Amusante dédicace autog. de Caran d'Ache à Ed. Detaille à Nos
Soldats du Siècle.

On y joindra 76 dessins de Caran d'Ache, extraits du *Figaro* et du
Journal.

469. CARICATURE (La), morale, religieuse, littttéraire et scénique.
Journal fondé et dirigé par Ch. Philipon. *Paris, chez Aubert*, de
l'origine (4 novembre 1830), au 27 août 1835, 251 numéros en
9 vol. gr. in-4, nomb. planches, demi-rel., dos et coins de maroq.
grenat, tr. jaunes.

Collection complète, très rare, de cette célèbre publication, illustrée
de 524 planches en noir et en couleur, par H. Daumier, H. Monnier,
Grandville, Adam, Raffet, etc. Cet exemplaire ne contient pas les
titres et tables, ni les planches supplémentaires portant des numéros
bis, ainsi que la planche 19, cette dernière manque à la plupart des
exemplaires.

470. CARICATURE (La). Journal fondé et dirigé par Ch. Philipon.
Paris, chez Aubert, n° 70 (1ᵉʳ mars 1832) au n° 160 (28 novembre 1833), 90 numéros en 5 vol. in-4, planches, maroq. grenat à long grain, dos ornés, tr. jasp. Il manque : Le texte et les
2 planches du n° 90 ; le texte du n° 106 ; l'affiche du Théâtre et des
Folies politiques ; les planches 215-216, 259 et 296-297.

La pl. 142 a été remplacée par la pl. 125. Déchirure atteignant le texte
au n° 114. Raccommodages à plusieurs lithographies. Rousseurs.

471. CARICATURES. Recueil de 75 caricatures sur Napoléon III,
l'Impératrice, Guillaume Iᵉʳ, Bismarck et sur les hommes politiques de la période de 1870-71, en 1 vol. in-fol., demi-rel.
basane.

Caricatures les plus violentes dess. par Faustin, Pilotell, Klenck,
Alfret Le Petit, Draner, etc.

472. CHAM. L'Art de réussir dans le monde, procédé simple et
facile pour se faire jeter à la porte en fort peu de temps. *Paris,
Martinet, s. d.*, titre et 20 lithog. à plusieurs sujets. — L'Art

d'engraisser et de maigrir à volonté. *Paris, Martinet, s. d.*, titre
et 20 lithog. à plusieurs sujets. — Ens. 2 albums in-4, cart.

Mouillures à la marge des 20 planches du premier album.

473. CHAM. Monsieur Lamélasse. *Paris, chez Aubert, s. d.*, 52
planches, in-8 oblong, cart. demi-toile, ébarb., couv. cons.

474. CHAM. Calembourgs en actions, bêtises et jeux de mots tirés
par les cheveux. *Paris, Aubert, s. d.*, gr. in-8, 64 lithog. à plusieurs sujets, cartonnage ill.

475. CHAM. La Civilisation à la Porte. *Paris, publié chez Aubert,
s. d.*, in-4, titre et 23 lithog., demi-rel. maroq. vert, tête dorée,
non rogn.

Rares épreuves AVANT TOUTE LETTRE. Toutes les légendes et les
numéros sont manuscrits au crayon et portent de nombreuses ratures
et corrections. La planche num. 20 est biffée au crayon et n'a pas été
utilisée, elle a été remplacée dans l'album par une autre composition.
Par contre la lithog., publiée sous le n° 17, ne figure pas dans le pré-
sent recueil.
Exemplaire auquel on a ajouté 2 lettres autog. signées de Cham.

476. CHAM. Cours d'hygiène, par Cham. *Paris, Arnault de Vresse,
s. d.*, in-4, titre et 18 lithog., cartonnage ill.

477. CHAM. Fantasias, album par Cham, titre et 30 lithog. — Fantasias, album par Cham, Darjou et Pelcocq, titre et 30 lithog.
— En Italie, album par Cham, titre et 30 lithog. *Paris. Bureau
du Charivari, s. d.*, 3 albums in-4, br., couv. ill.

478. CHAM. Mœurs Britanniques. *Paris, Arnauld de Vresse, s. d.*,
in-4, titre et 15 lithog., cartonnage ill.

479. CHAM. M. Papillon, ou l'amour autour du monde. *Paris, Martinet, s. d.*, 20 lithog. à plusieurs sujets. — Œuvres nouvelles.
Paris, Arnauld de Vresse, s. d., titre et 18 lithog. des *Actualités*. — Ens. 2 albums in-4, 38 pl., cart.

480. CHAM. Œuvres nouvelles. *Paris, Arnauld de Vresse, s. d.*, 2 albums in-4, 36 lithographies coloriées, cart. (*Cart. de l'éditeur*).

Chaque album se compose de 1 titre en noir et 18 pièces diverses des *Actualités*. Une lithog. est répétée dans les deux albums.

481. CHAM. Punch à Paris, revue drolatique du mois, texte et gravures par Cham. *Paris*, 1850, in-4, fig., demi-rel. mar. vert à long grain, non rogn., recto de la couv. d'une livraison, cons.

Rousseurs et lég. mouillures.

482. CHAM. Albums charivariques. Revue comique de 1847. La Grammaire illustrée. La Grippe. La saison des eaux. 114 dessins *Paris, Bureau du Charivari*, 1848, in-4 oblong., cart., demi-toile, couv. cons. — Autour de la table. Le jour de l'an et le reste de l'année. Album de 393 gravures et dessins par Cham, Seigneurgens, Stop, etc. *Paris, Garnier et Paulin, s. d.*, gr. in-8 oblong, cart. — Almanach du Charivari, texte par MM. Louis Huart, Caraguel, Véron, etc., illustré par Cham, Daumier, Maurisset. *Paris, Pagnerre*, 1866. in-8, fig., cart., couv. ill. cons. Ens. 3 albums in-4 et in-8, cart.

483. CHAM. Albums de Caricatures. *Paris, Bureau du Charivari et Arnauld de Vresse*, 1853-1878, 30 albums en 3 vol. gr. in-8, fig., cart. dos et coins de toile, couv. cons., sauf à 2 albums.

Souloque et sa cour. — Grimaces du jour. — Chassepotiana. — Les échappés de Charenton. — Drôleries contemporaines. — Une once de bon sang. — Miroir du Collégien. — Pendant la Canicule, etc.

Mouillures à 2 albums. Quelques figures des Salons de 1876 et 1878 ont été coloriées.

484. CHAM. Messieurs les Cosaques, relation charivarique comique et surtout véridique des hauts faits des Russes en orient, par M.M. Taxile Delord, Clément Caraguil et Louis Huart. *Paris, Lecou*, 1855, 2 vol. in-12, 100 vig. de Cham, demi-rel. chag. vert, tr. roug., rect. de la couv. cons.

Premier tirage.

485. CHARIVARI (Le). Environ 1300 numéros des années 1833, 1834, 1835, 1836 et 1838, reliés en 10 vol. gr. in-4, demi-rel. chag. grenat, tr. jasp.

> Nombreuses lithographies par H. Daumier, Pigal, Gavarni, etc.

486. CHARLET. Album lithographique. *Paris, Gihaut frères*, 1825-1828, in-4, 1 front. et 30 pièces, in-4, bas. noire, dentelle, dos orné, recto de la couv. de l'Album de 1825, cons.

> Belles épreuves à toutes marges, sauf 1 pièce plus courte.

487. CHARLET. Album de lithographies, dont 18 par Charlet, 3 par Raffet, 5 par Bellangé, 9 par Deveria. *Paris, chez Gihaut*, et 20 par Grenier, David, Lesaint, Villeneuve, etc. *Paris, chez Sazerac.* — Ens. 55 pièces en 1 album in-4 oblong, demi-rel.

> 11 lithographies sont tirées sur papier de Chine, traits au crayon et déchirures à plusieurs pièces.

488. CHARLET. Alphabet moral et philosophique à l'usage des petits et des grands enfants. *Paris, Lithog. de Gihaut* (1835), 24 lithog. en tr., en un album in-4, oblong, demi-rel.

> Le frontispice et la planche 13 (lettre M), manquent.

489. COLLECTION des Drapeaux des districts de Paris, lors de la Révolution du mois de Juillet 1789. Dédiée à M. le Marquis de La Fayette. *Paris*, 1789, 30 pl. in-4, veau (*Rel. anc.*).

> Collection curieuse et rare, il faut 60 planches à la série complète des Drapeaux, nous ne possédons que les pl. 1 à 30.

490. DAUMIER. Album Charivarique. Magasin de dessins, croquis, charges et caricatures par les artistes du Charivari, du Figaro et de La Caricature. *Paris, s. d.* (1840), in-4, fig., cart. demi-toile, non rogn., couv. ill. cons.

> Le titre annonce 40 planches. Cet exemplaire se compose d'une couverture ill. par Daumier et de 34 lithog. par Daumier, 13 Gavarni, 10 Charlet, 1 Bellangé, 1 Traviès, etc.

491. DAUMIER. Au Bivouac, croquis militaires par Cham, Daumier
et Ch. Vernier. *Paris, Bureau du Charivari*, br. — Album varié,
par Cham, Daumier, Stop, Vernier et autres dessinateurs du
Charivari. *Paris, Arnauld de Vresse*, cart. — Ens. 2 albums
in-4, 46 lithographies, cart. et br.

> Le premier album se compose de 28 pièces, par Daumier, (10)
> Cham, (6) Vernier, (10) etc. Le second de 18 pièces, par Cham, (9)
> Gavarni, (1) Quillenbois, Berr, etc.

492. DAUMIER, Beaumont, Cham, Lorentz, etc. Lithographies,
41 pièces dont 34 coloriées, en un album in-4 oblong, demi-
rel.

> Daumier. Tout ce qu'on voudra, 13 p. diverses, coloriées. — Beau-
> mont, 8 p. — Lorentz, 6 p. — Cham, 4 p. — Vernier, 5 p., etc. Taches
> à plusieurs pièces, déchirure à la marge d'une planche.

493. DAUMIER. Cham, Vernier, etc. Lithographies coloriées,
36 pièces diverses en un album in-4 oblong, demi-rel.

> Daumier. Croquis dramatiques, Croquis parisiens. Les Hippophages.
> Actualités, 11 p. diverses. — Cham. Actualités, 5 p. diverses. —
> Vernier. Crinolonomanie, 13 pièces diverses, etc. Taches à plusieurs
> planches.

494. DAYOT (Armand). Le Second Empire, 1851-1870. *Paris, Flammarion, s. d.*, album in-4 oblong, nomb. reprod., demi-rel.
chag. rouge, tête dorée, fers spéciaux.

> Envoi d'auteur.

495. DEPRÉAUX (Albert). Les Affiches de recrutement du xviie siècle à nos jours. Préface de M. Gabriel Cottreau. *Paris, Leroy*,
1911, in-4, fig., br. et 48 planches en feuilles.

> Tiré à 300 exemplaires.
> Exemplaire non numéroté. Envoi d'auteur.

496. DRANER. Souvenirs du Siège de Paris. Les défenseurs de la Capi-
tale. *Paris, Bureau de l'Eclipse, s. d.*, in-4. Titre et 31 pl. coloriées, demi-rel. — Armée française. Nouvel Alphabet militaire,

texte explicatif de Vanier et dessins par H. de Sta. *Paris, Vanier*, 1883, in-4. Ens. 2 vol.

497. DUTERTRE. Portraits des généraux et savants ayant pris part à l'expédition d'Egypte, 132 port. gr. par Dutertre en 1 vol. gr. in-8, demi-rel. maroq. bleu, tête dorée, non rogn. (*Durvand-Thivet*).

498. FABER DU FAUR. Feuilles extraites de mon portefeuille, esquissées sur les lieux dans le courant de la Campagne de 1812 en Russie. *Stuttgart, chez Autenrich, s. d.* (1831), 100 planches lithog., in-folio, demi-rel. maroq. bleu, tête rouge, non rogn., recto de la couv. cons.

499. FIEFFÉ (Eugène). Napoléon Ier et la Garde Impériale, texte par Eugène Fieffé, dessins par Raffet. *Paris, Furne*, 1859, in-4, 1 front. et 20 planches en couleur, demi-rel. chag. vert, plats toile, dos orné, tr. jasp.

500. FORAIN et Caran d'Ache. Psst...! Images par Forain et Caran d'Ache. *Paris, Plon*, 1898-1899, 60 numéros dont 52 br. en 1 vol. gr. in-4, br., et 8 en numéros.

501. FRÉDÉRIC II. Recueil d'estampes relatives aux principaux épisodes de la vie de Frédéric II. Vers 1803, 30 pièces in-4, en larg., par Dähling, Hampe, Schadow, Wolf, gr. par par Ringck, Haas, Bollinger, etc., demi-rel.

502. FUCHS (Ed.). Die karikatur der europäischen Volker, mit 1015 illustrationen. *Berlin, Hofmann, s. d.*, 2 vol. in-4, fig., demi-rel., fers spéciaux.

503. GAVARNI. Œuvres choisies de Gavarni revues, corrigées et nouvellement classées par l'auteur. Avec des notices en tête de chaque série par M.-Laurent-Jan, Lireux et Léon Gozlan. *Paris, Hetzel*, 1846, 4 tomes en 2 vol. gr. in-8, fig., demi-rel.,

dos et coins de maroq. rouge, dos ornés, tête dorées, non rogn.
(*Champs*).

Bel exemplaire de premier tirage.

504. GAVARNI. Masques et Visages. *Paris,* 1851, in-fol., 59 pl.
lithog. à toutes marges, demi-rel., dos et coins maroq. roug.,
jans., tête dor., non rogn.

Précieux recueil composé de 59 planches AVANT LA LETTRE offert à
Alex. Dumas fils par Gavarni, avec envoi autographe signé et daté
décembre 1856.

Chaque série est séparée par un feuillet portant le titre manuscrit et
une ou deux épigraphes curieuses par série. Un feuillet portant la lé-
gende manuscrite en regard de chaque pièce. Les Partageuses, 18 pl.
Histoire de politiquer, 11 pl. Les Propos de Thomas Vireloque, 10 pl.
Ecole des Pierrots, 10 pl. Les Lorettes vieillies, 10 pl. — Ens. 59 su-
PERBES ÉPREUVES AVANT TOUTES LETTRES.

505. GOETSCHY (Gustave). Les peintres militaires de Neuville,
Detaille, Dupray. *Paris, Baschet,* 1878, in-fol., fig., demi-chag.
rouge.

506. GRANDVILLE. Observations, Critiques. *Paris, chez Neuhaus,*
titre et 8 lithographies, gr. in-4 oblong., demi-rel.

Epreuves tirées sur papier de Chine. Mouillures, déchirures à la
marges de deux planches, la pl. 6 manque.

507. GUILLAUME (Albert). Œuvres. *Paris, Simonis Empis, s. d.,*
9 albums in-4, 3 vol. et 9 plaq. in-8 et in-12, demi-rel. et br.

Mes 28 Jours, exempl. imprimé sur papier du Japon, pour M. Ed.
Detaille, demi-rel. — Le même, pap. ord., br. — Mes Campagnes. —
Mon Sursis. — Madame est servie. — Etoiles de mer. — Revue d'fin
d'année. — Y a des Dames. — Pour vos beaux yeux. — Madame veut
rire. — Contre le spleen. — Pour quand il pleut. — Almanachs Guillaume et brochures diverses. 9 plaq.
Envois de Guillaume à Ed. Detaille.

508. JADIN (Godefroy). Maison de l'Empereur. La Véneric, 1852-

1870. *Paris, Manzi Joyant*, 1905, in-fol., fig. en couleur, en feuilles, dans un emboîtage en maroq. vert, étui.

> Ouvrage tiré à 100 exemplaires avec une importante dédicace de
> l'auteur à M. Ed. Detaille.

509. JAIME. Le Musée de la Caricature. *Paris,* 1834, in-4, 35 livr.
de texte et 117 pl. de caricatures, la plupart coloriées, plus 3 pl.
diverses ajoutées, demi-rel. chag. bleu, tête dor., non rogn.

510. JOB. Le Grand Napoléon des petits enfants. — Murat, texte de
G. Montorgueil, aquarelles de Job. — Les mots historiques du
Pays de France. — Les Épées de France (2 exempl.). —
Mémoires de César Chabrac, recueillis par Job. *Paris,
Hachette, Plon, etc.* — Ens. 6 albums in-4 oblong, cart.

511. IMAGERIE D'EPINAL. Planches relatives à Napoléon Ier, sa
famille, ses maréchaux et ses victoires. *Epinal, Pellerin,*
39 pièces, montées en plein sur papier fort en 1 album gr. in-fol.
oblong., cart., dos et coins de toile.

512. IMAGERIE D'EPINAL. Portraits de personnages célèbres.
4 pièces. Batailles, Sièges, Assauts, 21 pièces. Enseignes,
3 pièces. Scènes de mœurs, Légendes, Chansons, 9 pièces.
Epinal, Pelerin, s. d., in-plano, 37 pièces.

513. IMAGERIE D'EPINAL. Costumes militaires de différentes
époques. *Epinal, Pinot* (vers 1860), 30 ff. in-4 oblong., cart. toile.

> Ex-dono autog. de H. Cain à Ed. Detaille.

514. IMAGERIE D'EPINAL, album de 44 planches, costumes militaires et sujets historiques, campagne d'Afrique, guerres de
Crimée et de 1870, cart., dos et coins de toile.

515. IMAGERIE D'EPINAL. Album de 115 planches, costumes militaires de toutes les nations, sujets historiques et militaires. *Epinal, Olivier Pinot, s. d.* (vers 1870), in-fol. cart.

7

516. ISABEY (Eug).). Album de lithographies. *Paris, publié par Morlot,* 11 pièces tirées sur papier de Chine, in-4, montées petit in-folio, demi-rel. maroq. vert à long grain.

> Intérieur d'un port. — Vue de Rouen. — Souvenir de Saint-Valéry-sur-Somme. — Souvenir de Bretagne, 2 p. — Port de Pêche. — Vue de Caen. — Environs de Dieppe. — Retour au port. — Marée basse. Radoub d'une barque à marée basse.
> Belles épreuves tirées sur papier de Chine.

517. JACQUE *(Charles).* Militairiana. *Paris, chez Aubert, s. d.,* titre et 20 lithog. à plusieurs sujets, coloriées. — Cham : Œuvres nouvelles. *Paris, Arnauld de Vresse, s. d.,* titre et 18 lithog. des *Actualités.* — Ens. 2 albums in-4, cartonnage ill.

> Le premier album contient à la suite le catalogue détaillé des livres albums et suites publiés par Aubert, 16 p.

518. KNOTEL (R.) und Röchling. Der alte Fritz in frunfzig bildern. — Die Konigen Luise, in-50 bildern. — Preussens Heer, in bild un wort, 1619-1889. *Berlin, Kittel,* etc. — Ens. 3 albums in-4, cart. toile, fers spéciaux.

519. LAMI (Eug.). Souvenirs de Londres. *Paris, Lami Denozan,* 1826, suite de 12 planches lithog. coloriées, gr. in-4 oblong., demi-rel., dos et coins de mar., couv. cons.

> Superbes épreuves à toutes marges.

520. LAMI (Eug.) et MONNIER (H.). Voyage en Angleterre. *Paris, Firmin Didot et Lami-Denozan,* 1830, 4 ff. de texte et 24 lithographies par Eug. Lami et H. Monnier, coloriées, pet. in-folio, demi-rel., dos et coins de mar. rouge, non rog., couv. d'une livr. cons. (*Durvand-Thivet*).

> Superbes épreuves grandes de marges. Petite déchirure à la marge d'une planche.

521. LECOMTE (Jules). Histoire de la Révolution de Février jusques et y compris le siège de Rome. *Paris, Barbier,* 1850, in-8, fig. de Philippoteaux, A. Rousseau, maroq. roug. à long grain, dent.,

dos orné, dent. intér., tr. dor., aux armes avec la charte.

Très bel exemplaire avec les planches de costumes coloriées. Contenant un envoi de l'auteur à Rachel, l'ex-libris de l'artiste et un bulletin d'adjudication de la vente Rachel.

522. LIEBE (Georg). Der Soldat in der Deutschen Vergangenheit, mit einhundertdreiundachtzig abbildungen und beilagen nach den originalen aus dem 15-18 jahrhundert. *Lepzig*, 1899, fig. — Ein Soldatenleben in krieg und Frieden, von H. Lüders. *Stuttgart*, 1888, fig. — Die eiserne zeit vor hundert Jahren, heimatbilder aus dens tagen der Prüfung und des Erhebung. Bild und wort von Richard Knotel. *Kattowiss, Siwinna, s. d.*, album in-4 oblong., fig. — Ens. 2 vol. et un album in-4, demi-rel. et cart.

523. MONNIER (Henry). Rencontres Parisiennes. Macédoine pittoresque. Croquis d'après nature. *Paris, Gihaut*, 25 lithog. coloriées, in-8, montées in-4 en 1 album oblong., demi-rel.

Epreuves courtes de marges. Déchirures à 5 pièces.

524. MULLER (Alex.). Théorie sur l'escrime à cheval, pour se défendre avec avantage contre toute espèce d'armes blanches, ornée de 51 planches en taille-douce. *Paris, Cordier*, 1816, in-4, planches, demi-rel. fatiguée.

525. MUSÉE ou Magasin comique de Philipon, contenant près de 800 desssins par MM. Cham, Daumier, Gavarni, Grandville, Eug. Lami, etc., texte par MM. Bourget, Huart, Lorentz, etc. *Paris, Aubert, s. d.* (1842-1843), 48 numéros en un vol. in-4, cart. — Même ouvrage. Numéros 25 à 48, titre et 24 numéros en 1 vol. in-4, cart. demi-toile, non rogn., couv. ill., cons. — Ens. 2 vol. in-4, cart.

526. PACINI (Eugène). La Marine. Arsenaux, navires, équipages, navigation, etc. Illustrations de M. Morel-Fatio. *Paris, Curmer*, 1844, gr. in-8, 31 planches en noir et en couleur, veau bleu, filets et fleurons d'angles, dos orné, tr. dorées (*Rel. romantique*).

527. PARIS. Collection de 28 vues de Paris prises au daguerréotype, gravures en taille-douce sur acier, par Chamouin. *Paris, Chamouin, s. d.* (vers 1850), in-4 oblong., cart., fers spéciaux.

528. PARIS. Hôtel de Ville de Paris. Fête donnée en l'honneur de S. M. B. la Reine Victoria. *Paris, Typographie de Ch. Mourgues,* 1856, pet. in-folio, cart. toile, tr. jasp.

> Aux armes de la Ville de Paris. Le texte est accompagné de 25 photographies reproduisant l'album offert à S. M. la Reine Victoria par la Ville de Paris, en souvenir des fêtes données lors de son séjour dans cette ville en 1855. Ces photographies, dont quelques-unes ont pâli, n'ont été tirées qu'à 50 épreuves.
>
> Lettre du Baron Haussmann, portant la signature autog. du préfet, adressée au maire du 2e arrondissement l'informant de l'envoi de l'Album.
>
> Ex-libris Henri Lambert.

529. PARIS. Principales Vues de Paris et de ses Environs. *Paris, chez Rittner et Goupil,* 1832, 59 planches, par Schmidt, Menut, Gilio, Martens, en 1 album in-4 oblong, demi-rel.

> Les 59 planches sont précédées des 2 notices de texte explicatif, publiées par Leloutre en 1846.

530. PETIT (M.). Histoire de la Révolution de 1830, ornée de 40 lithographies, avec portraits en pied du roi, des princes, etc. *Paris,* 1831, 40 lithog. par Petit, Hersent, Eug. Lami, V. Adam, etc., en feuilles, dans un cartonnage recouvert de la couv. ill.

> Mouillures au texte.

531. PHILIPPOTEAUX. Le siècle de Napoléon, galerie des illustrations de l'Empire. Portraits en pied peints par F. Phillippoteaux, lithographies à deux teintes par Ch. Bour et coloriés avec le plus grand soin. *Paris,* 1846, in-4, 26 portr. lithog., demi-rel. chag. rouge.

532. RAFFET. Albums lithographiques publiés de 1827 à 1837. *Paris, chez Moyon, Chabert, Gihaut,* etc., 11 albums in-4 oblong,

dont les 3 premiers en ff., les autres demi-rel., dos et coins de maroq. vert à long grain, dos ornés, têtes dorées (*Durvand-Thivet*).

L'album de 1829, possède la couverture mais n'a pas le titre sur blanc. L'album de 1830 est incomplet des pl. 3 et 4. *La Moscova et Waterloo*. 1831 a le titre et la pl. 6 sur papier de couleur et sans marges. 1833, le front. manque. 1834. La pl. 11 *Lanciers rouges* est sans marges. 1836, déchirure atteignant le cadre à la planche 7. 1837, possède la pl. 6, *Bautzen*, avant la lettre.

533. RAFFET. Recueil de 64 lithographies et 2 eaux-fortes. — Ens. 66 pièces montés à plat en un vol. in-folio, demi-rel., dos et et coins de maroq. rouge, onglets (*Durvand-Thivet*).

« Auguste Raffet, » belle épr. sur chine (H. G. 21. R.). — Portrait du Capitaine Boyer, sur chine. — Napoléon, répétition réduite de l'affiche (122 R.). — Retraite du bataillon sacré à Waterloo (80. R.), épr. portant un envoi autog. au crayon de H. Giacomelli. — Camp de Compiègne, 1841-1842, 2 p. la première de 1er tirage sur chine. — Le Réveil, belle épr. sur chine. — Infanterie polonaise marchant à l'ennemi. — Massacre des Polonais à Fischau. — Barricade de la rue Saint-Antoine. — Revue du 29 août 1830. — La Poste nationale. — Le dentiste. — Ponce de Balagner. — Baie Houa-Houa. — Bataille de Fleurus. — Alger. — 5 p. de Feuilles de Croquis et d'Albums lithographiques. — Costumes militaires, 5 p. coloriées, 7 p. en noir. — Armée autrichienne, 4 p. sur chine (182-185). — Cinq mai. Défilé nocturne. Le cri de Waterloo (780-782). — Eaux-fortes. Croquis divers, 2 p. (II et III).

534. RAFFET. Dessins faits d'après nature au siège de la Citadelle d'Anvers. *Paris, Gihaut frères* (1833), frontispice et 24 lithog. in-4 en larg., demi-rel., dos et coins de mar. bleu (*Durvand-Thivet*).

Belles épreuves des 24 planches accompagnées du second frontispice. 2 planches sont tirées sur papier de Chine.

535. RAFFET. Musée de la Révolution. Histoire chronologique de la Révolution française. Collection de sujets dessinés par Raffet et gravés sur acier par Frilley. *Paris, Perrotin*, 1834, gr. in-8,

45 fig., demi-rel. veau rouge, dos orné, tr. jasp. (*Rel. de l'épo-que*).

Épreuves tirées sur papier de Chine.

536. **RAFFET.** Retraite de Constantine, six sujets par Raffet. *Paris, chez Gihaut frères*, 1 front. et 6 lithog. — Prise de Constantine. Douze (treize) sujets par Raffet. *Paris, chez Gihaut frères*, 1 front. et 13 lithog. — Ens. 21 lithog. en un album petit in-fol. oblong, demi-rel. maroq. rouge à long grain, dos orné.

> Épreuves tirées sur papier de Chine, sauf la pl. 3 de la *Retraite* tirée sur blanc.
> La Suite de La Prise de Constantine contient la première pensée de la *Marche sur Constantine*, très rare.

537. **RAFFET.** Voyage dans la Russie méridionale et la Crimée par la Hongrie, la Valachie et la Moldavie, exécuté sous la direction de M. Anatole de Démidoff par MM. de Sainson, Le Play, Huot, etc., dessiné d'après nature et lithographié par Raffet. *A Paris, publié par Gihaut frères, s. d.*, (1838), 100 lithographies en 2 vol. in-folio, cart. toile, tr. jasp.

> Premier tirage, épreuves tirées sur papier de Chine coupé au trait. Les planches 9, 10, 11, 17, 22, 42, sont du tirage de Bourdin et portent l'adresse de la Rue du Bac ; les pl. 56, 62 à 67 et 69, la mention : Grande médaille d'or, les planches 88 à 100 sont publiées par Bourdin.

538. **RAFFET.** Album du Voyage pittoresque et archéologique en Russie par Le Havre, Hambourg, Lubeck, etc., exécuté sous la direction du Prince Anatole de Démidoff, dessiné d'après nature et lithographié par André Durand, les figures par Raffet. *Paris, Bourdin, s. d.* (1848), in-folio.

> 100 planches lithog. par A. Durand et Raffet, demi-rel. chag. vert, plats toile, tr. dorées.

539. **RAFFET.** Souvenirs d'Italie. Expédition de Rome. *Paris, Gihaut*, 1850-1859, 36 lithographies, in-folio, cart. toile.

> Épreuves tirées sur papier de Chine court (sauf les frontispices).

540. RAFFET. Notes et Croquis de Raffet, mis en ordre et publiés par Auguste Raffet, avec 257 dessins inédits, gravés en relief par Amand Durand. *Paris, Amand Durand*, 1878, pet. in-fol., fig., demi-rel. mar. bleu, tête dorée, non rog. (*Franz*).

541. REVUE (La) comique, à l'usage des gens sérieux. Histoire morale, philosophique, politique, etc., texte par MM. Lireux, La Bédollière, Gérard de Nerval, etc., dessins par MM. Bertall, Nadard, etc. Novembre 1848-décembre 1849. *Paris, Dumineray*, 2 tomes en 1 vol. gr. in-8, nomb. fig., demi-rel. dos et coins de mar. bleu, dos orné, tête dorée, non rogn.,couv. générale et couv. des livraisons cons.

Bel exemplaire.

542. REZNICEK (F. von). Unter vier Augen. *Munich*, 1908. — Verliebte Leute. *Munich, s. d.* — Heilemann. Die Berliner Pflanze. *Munich,* 1908. — Ens. 3 vol. in-fol. cart.

543. SAHIB. Croquis maritimes. *Paris, Vanier,* 1880, in-4, fig., demi-rel. — Bourgain. Le Marin Français. Trente-deux planches tirées en teinte. *Paris, Laurens, s. d.,* in-4, fig., br. — Ens. 2 vol. in-4, demi-rel. et br.

Envoi d'auteur au second volume.

544. SOUVENIRS du Camp de Châlons. 1857, in-folio, 48 grandes photographies du camp, demi-rel. chag. vert, plats toile, fil. à froid et dor. Initiale N couronné aux angles. Armes au centre.

Aux Armes et au chiffre de Napoléon III.
Album offert par l'Empereur au Général Lepic.

545. TABLEAUX HISTORIQUES de la Révolution française, ou analyse des principaux événemens qui ont eu lieu en France depuis la première assemblée des Notables tenue à Versailles en 1787. *Paris, Joubert,* 1817, 2 vol. pet. in-folio, 153 planches, et 65 portraits par Prieur, Girardet Duplessi-Bertaux, etc., demi-rel., dos et coins de mar. brun, tête dorées, non rogn.

Mouillures.

546. THONY. Thöny-Album-Militaer. — Vom Kadetten zum general. *München, Langen,* 1901-1906. — Ens. 3 albums pet. in-folio, cart.

547. VOYAGE de S. M. Louis-Philippe Ier, roi des Français au Chateau de Windsor. Dédié à S. M. Victoria Reine d'Angleterre par Edouard Pingret. *Paris, Pingret,* 1846, in-fol., 25 pl., cart.

    25 lithographies.

548. YUNG. Album de vingt batailles de la Révolution et de L'Empire d'après les aquarelles de M. Yung. *Paris, s. d.,* in-4 oblong, 20 pl. grav. par Lalaisse et coloriées, cart. toile.

COSTUMES CIVIL ET MILITAIRE

549. ADAM (V.). Collection des Costumes militaires. Armée française, 1832, représentés dans des sujets de genre. *A Paris, chez Dero Becker,* 36 lithog. coloriées. — Armées étrangères, lithog. par Finart, nos 3, 4, 8, 9 et 12, 5 pièces. — Armée turque, lithog. par O. Roland, nos 23 et 24, 2 pièces. — Cavalerie française en 1834, lithog. par E. Lami, nos 19. — Ens. 44 p., lithog. coloriées.

    La première suite est incomplète des nos 2, 10, 12, 22, 28, 32, 36, 37, 39 à 41.

    Les nos 19, 21, 26, 27 et 31 sont en double, de coloris différents.

550. ALBUM HISTORIQUE de l'Armée et de la Marine. *Paris, Leroy,* 1905-1906, in-4, nomb. planches de costumes coloriés, en 12 livraisons.

551. ARMAND-DUMARESQ. Uniformes de la Garde Impériale en 1857, dessinés sous la direction du Général Hecquet, par Armand Dumaresq. *Paris, Imprimerie Impériale,* 1858, gr. in-folio, 53 planches (sur 55), en feuilles.

    2 planches et un tableau de texte manquent. Mouillures à la marge de plusieurs planches.

552. ARMÉE ALLEMANDE, 3 pl. dess. par Linder, grav. par Jügel.
— Wolf. Officier I^{ten} Leibhusaren regiment. Officier der garde
du corps, etc. Ces 5 pl. sont découpées et collées ensemble. —
Bavarrois, 2 p. — Ens. 10 p. dont 7 color.

553. ARMÉE ANGLAISE. Walker, The military review the camp at
chobam, lithog. Day. — Armée Anglaise en campagne. *Wien-
Artara*, color. — Norie, Armée Anglaise gravée par Harris, color.
— 3 pièces en larg.

554. ARMÉE ANGLAISE. Costumes de 1800. Aquarelles originales
sign. S. N. 1814; 36 sujets sur 19 ff.

Attribué à Norblin.

555. ARMÉE ANGLAISE. 5 albums cart., 4 planches de costumes
et 11 pièces diverses.

Army and Navy drolleries, by captain Seccombe. *London, Warne,
s. d.* — Military mis readings of Shakspere, by major Seccombe. *London, Routledge, s. d.* — The Royal military tournament. *London,
Warne.* — Our Navy. *London, s. d.* — 4 pl. d'après les aquarelles de
G.-L. Seymour (cavalerie anglaise), in-4. — 11 pièces diverses, in-12,
en couleur.

556. ARMÉE AUTRICHIENNE. Costumes. Vers 1800-1810. 11 aquarelles, 5 dessins aquarellés et 12 dessins à la plume. — Ens. 28 p.

557. ARMÉE AUTRICHIENNE. Opiz, Armée autrichienne, in-fol.
en noir. Revue und parade 9 sept. 1828, begomenen Lust Lager
Wien. — Offizier des Ungarischen Bürger Chors in Wien. —
Ein Edelmann in gala. — 5 planches. Imagerie populaire. —
Ens. 9 pièces.

558. ARMÉE ESPAGNOLE. Costumes. Croquis originaux, plume et
crayon, la plupart avec rehauts d'aquarelle et l'indication des
couleurs. Environ 50 croquis sur 19 ff.

559. ARMÉES ETRANGÈRES. 12 vol. ou albums, 4 livraisons, 9 planches et 5 tableaux synoptiques.

> Les armées étrangères en campagne, leurs uniformes. 82 types militaires. Extrait de l'ouvrage du lieutenant-Colonel Dally. *Paris*, 1885. — Die Belgische Armee. — Die Niederlandische armee. — Die Schwedische armee. — Danske Uniformer. — Die Dänische armee. — Die Italienische armee. — Les tenues de l'armée Roumaine. — Die Armeen Serbiens und Montenegros. — Die Armeen der Balkan-Staaten. — Die Turkische armee und Marine. — Chinsische armee. — Armée italienne. *Milano*, 4 livraisons, 5 tableaux synoptiques et 9 planches de costumes divers.

560. ARMÉE FRANÇAISE. Dragons de la garde manœuvrant à pied. Timbalier de la garde et de la Gendarmerie d'Elite. Tambour major de la garde des Consuls, 5 pièces in-fol.

561. ARMÉE FRANÇAISE. Costumes, 10 planches diverses de Malœuvre, Lœillot, etc., gr. et col.

562. ARMÉE FRANÇAISE. Lami. Pauquet. Philippoteaux. 150 pièces de costumes in-8, coloriées.

563. ARMÉE RUSSE. Régiment du grand duc héritier, 1857. 2ᵉ brigade d'artillerie de la garde 1859. Artillerie de la garde, 1860. Division de Cosaques de la Mer Noire. 1858. Pionniers à cheval, 1858. Escadron des gendarmes. 1857, 6 pièces gr. in-fol.

> Belles lithographies par Guebens.

564. ARMÉE RUSSE. Costumes militaires russes publ. en Russie. Schemas, etc. 46 pièces in-fol.

565. ARMÉE SUISSE (L'). Lettre-préface de M. le colonel Frey, texte de MM. le Colonel Feiss, Wille, Keller, etc. Illustrations de D. Estoppey. *Genève, Eggimann*, 1894, gr. in-4, 34 planches de costumes coloriés, cart., fers spéciaux.

566. AUBRY. Collection des uniformes de l'Armée française présentée au roi par le Maréchal de Bellune, 1823. 22 pièces sans marges.

567. AUBRY (Ch.) et Ambert (Joachim). Esquisses historiques des différents corps qui composent l'Armée française, par Joachim Ambert, dessiné par Ch. Aubry. *Paris, Degouy* (*s. d.*) (1835), titre et 13 planches, lithog. coloriées, maroq. rouge à long grain, dentelle, fleurons et milieux ornés, dos orné, ébarb. (*Rel. de l'époque*).

568. BASTIN. Uniformes français sous Napoléon Iᵉʳ, la Restauration et Napoléon III. *Paris, Hautecœur*, 8 pièces color.

569. BASTIN. Collection d'uniformes militaires français. *Paris, Wild*, 10 p. color. s. marges.

570. BELLANGÉ (H.). Uniformes de l'Armée française depuis 1815 à nos jours. *Paris, Gihaut*, 85 pl. (sur 116), lithog. coloriées.

> Ces planches sont inégales de marges et en partie collées sur un autre papier.

571. BELLANGÉ (Hippolyte). Collection des types de tous les corps et des uniformes militaires de la République et de l'Empire. 50 planches coloriées. *Paris, Dubochet*, 1844, gr. in-8, demi-rel., dos et coins, chag. bleu, tête dorée, non rogné, couv. cons.

572. BOUCHOT (Henri). L'Épopée du costume militaire Français, aquarelles et dessins originaux de Job. *Paris, May, s. d.*, in-4, fig., maroq. vert à long grain, dos orné, fers spéciaux.

> Envoi de Job à Edouard Detaille.

573. CARNET de 107 croquis à la mine de plomb, et à la plume la plupart rehaussés d'aquarelle. Etudes de fantassins allemands, uniformes, équipements et marques distinctives des régiments de l'armée allemande, principalement de l'infanterie, in-8, demi-rel.

> Carnet ayant appartenu au Général Comte Pajol et portant sur un des premiers ff. la mention autographe suivante : *Général Comte Pajol, en captivité à Aix-la-Chappelle, 1870-1871*. Cette indication est suivie d'un reçu de solde d'activité, fourni par le général. Les uni-

formes et pièces d'équipement qui composent ce carnet, sont peut-être du Comte Pajol lui-même, ils sont en tout cas, fort bien exécutés. Les couleurs ne sont indiquées très souvent que par des touches. Des notes manuscrites sur l'équipement et celles des garnisons des régiments prussiens accompagnent les croquis.

574. **CARNET** de 64 croquis à la mine de plomb, la plupart rehaussés d'aquarelle. Etudes de cavaliers et de chevaux, cavaliers et fantassins allemands, pet. in-8, demi-rel.

> Carnet ayant appartenu au Général Comte Pajol dont la signature se lit sur un des premiers ff. accompagnée de l'indication « *Captivité à Aix-la-Chapelle*, 1870-1871. » Les croquis sont d'une excellente exécution.

575. **CARNET** de la Sabretache. Revue militaire rétrospective publiée par la société *La Sabretache. Paris, Berger-Levrault,* de l'origine (1893) à 1912, 20 années dont 6 demi-rel. mar. vert, têtes dorées, les autres en livraisons.

> Les 4 nos suivants manquent : 1900 no 91 ; 1911 no 224 ; 1912 nos 239 et 240.

576. **CHATAIGNIER** et **POISSON** (Chez). Chef de brigade no 97. Général de division no 98. Commandant en chef no 99. Superbe cérémonie exécutée dans le Temple de Mars. Hôtel imp. des Invalides, le 17 mai 1807. *Paris, chez Jean.* 4 pièces grav. et coloriées.

577. **COIFFURES MILITAIRES.** Armées Russe, Autrichienne, Irlandaise, etc. 1825-1845. Shakos et casques. 11 aquarelles originales non sign.

578. **COSTUMES MILITAIRES.** Réunion de 18 aquarelles originales, non sign., et 2 calques.

> Modèle de l'uniforme des Gardes Nationales des Communes rurales, adopté par M. le Général Lafayette, uniforme complet et pièces d'équipement, aquarelle accompagnée de la description manusc. de l'uniforme. — Garde Nationale de Paris, 1815 (Cent-Jours). — Armée d'Afrique, 1842, 7 aquar. — Marine royale (vers 1840). — Armées diverses, 8 aquar. — Armée russe, 2 calques.

579. DANZER. Unter den Fahnen Die Volker Osterreich-Ungarns in Wassen. Im vereine mit G. Bancalari und F. Rieger verfafst von A. Danzers, 11 Tafeln in farbendruck und 133 Textabildungen nach originalzeichnung en von Myrbach. *Wien*, 1889, in-8, fig., cart. toile. — Adjustirungs und Ausrustungs-vorschrift fur das K. K. Heer. *Wien*, 1878, in-4, nomb. pl. de costumes, demi-rel. maroq. citron. — Ens. 2 vol.

580. DESCRIPTION des effets d'habillement, de coiffure, de grand et de petit équipement, de petite monture, de pansage et objets divers à l'usage des corps de troupe. *Paris, Dumaine*, 1879, in-4, nomb. planches en noir et en couleur, demi-rel. chag. bleu, tr. jasp.

581. DETAILLE (Edouard). Types et Uniformes. L'Armée française, texte par Jules Richard. *Paris, Boussod, Valadon*, 1885-1889, 2 vol. in-folio, nomb. planches en noir et en couleur, maroquin rouge, filets, dos ornés, dent. intér., têtes dorées, non rogn., étuis.

Superbe exemplaire de l'édition de grand luxe, IMPRIMÉ POUR M. EDOUARD DETAILLE SUR PAPIER DU JAPON.

582. DETAILLE (Edouard). Types et Uniformes. L'Armée française Suite des 194 et 150 planches tirées sur papier du Japon à cent exemplaires. *Paris, Boussod, Valadon*, 1886-1889, 344 planches en taille-douce, en 2 vol. in-folio, maroq. bleu clair, large dent. à froid et filets dorés, dos ornés, têtes dorées, dent. intér., doublures et gardes de moire bleue, non rogn., dans 2 boîtes, carton., doublé de molleton.

Suite avant la lettre de toutes les illustrations de l'*Armée Française*, tirée à 100 exemplaires sur papier du Japon.

583. DETAILLE (Edouard). Types et uniformes. L'Armée française, texte par Jules Richard. *Paris, Boussod, Valadon*, 1885-1889, 2 vol. in-folio, fig. et planches en noir, demi-rel. dos et coins de mar. bleu, dos orné, têtes dorées, non rogn., couv. cons. (*Franz*).

Exemplaire avec les planches hors texte tirées en noir.

584. DETAILLE (Edouard). Types et uniformes. L'Armée française,
texte par Jules Richard. *Paris, Boussod,* 1885-1889, 2 vol. pet.
in-folio, fig. en noir et en chromotypog., demi-rel. dos et
coins de mar. bleu, têtes dorées, non rogn. (*Durvand-Thivet*).

585. DUNOYER DE NOIRMONT et A. de MARBOT. Costumes
militaires Français depuis l'organisation des premières troupes
régulières en 1439, jusqu'en 1789 (et de 1789 à 1815). *Paris,
Clément, s. d.,* 2 parties en 3 vol. in-folio, 450 planches lithog.
et coloriées, demi-rel. maroq. rouge, tête dorée, non rogn.
(*Franz*). — Tableaux synoptiques de l'Infanterie et de la Cavalerie française et des régiments étrangers au service de France
de 1720 à 1789, dressés par Alfred de Marbot, pour faire suite
à la 2e partie de l'ouvrage sur les costumes militaires français.
Paris, Clément, 1854, in-folio, 12 planches, cart. — Ens. 3 vol.
et 1 album in-folio, demi-rel. et cart.

> Bel exemplaire de cet important ouvrage.
> Les *Tableaux synoptiques,* portent un envoi autog. du Baron de
> Marbot à Ed. Detaille.

586. ECKERT et MONTEN. Costumes des armées. Baden 7 p.
Bayern, 13 p. Brunsvic, 1 p. Braunsnhweig, 3 p. Frankfurt, 1 p.
Hamburg, 1 p. Honover, 3 p. Hessen, 7 p. Hohenzollern, 1 p.
Holstein, 1 p. Lippe Detmold, 3 p. Mcklenburg Schwerin, 9 p.
Sachsen, 9 p. Wurtemberg, 12 p. France, 3 p. Autriche, 4 p.
Nassau, 1 p. Suède 2 p. — Ens. 81 pièces lithog. coloriées.

587. ECOLE DE CAVALERIE. *Saumur, Javaud, s. d.* (1870),
in-folio, titre et 14 lithog. de A. Adam dont 13 coloriées, cart.
toile, fers spéciaux.

588 FEYERABEND (Franz). Costumes militaires des cantons suisses
à la fin du xviiie siècle, dess. et grav. par F. Feyerabend en
1792-1794. 8 pièces in-4, coloriées.

> Très rare.

589. FINART. Recueil des principaux costumes militaires des armées alliées (1814). *Paris, Impr. de Didot*, 3 livr. in-4, et 31 pl. en feuilles.

> Bel exemplaire à toutes marges, composé des couvertures des livraisons 1 et 2, du texte de ces deux livraisons et 24 planches dess. par Finart, gravé au trait par Duplessis-Berteaux et terminé par Levachez, en deux états au trait, avant toutes lettres et Imp. en couleur, avec retouche au pinceau. Manque la pl. 9 dans la suite en couleur.
>
> Nous joindrons 7 pl. en couleur de la 3ᵉ livr. dont 4 sans marges.

590. GABLER. Grenadiers, mousquetaires et chasseurs de l'armée russe. — G. Adam. Russische artillerie. — Beauvallet. Garde impériale russe. 3 pl. — Hess. Cosaques en marches. — Kiel. Alexandre I. 7 pièces grav. et color.

591. GAILDRAU (Jules). L'Armée française. *Paris, chez l'auteur*, 1855, 6 p.

592. GARNEREY. Nouveaux costumes des Autorités constituées. An IV. 18 planches de costumes par Garnerey, gravées par Alix, coloriées, in-4, cart. demi-toile.

> Taches aux 4 dernières planches.

593. GARNEREY. Adjudant général. Aide de camp, grav. par Alix, 2 p. — 12 Rég. de Champagne, officier 1792. — David. Habit militaire gr. par Denon. — Joseph Poniatowski. 5 pièces dont 4 color.

594. GENTY (Chez). Costumes militaires. Infanterie russe. 2 titres et 10 pl. — Infanterie prussienne. Titre 10 pl. — Troupes allemandes et autrichiennes 7 pl., Anglaises 4 pl., Pays-Bas, 1 pl. Françaises, 7 pl. — Ens. 3 titres et 39 pièces grav. et color. (Sauf 4 pl. en noir).

595. GERASCH (F.). Das Oesterreichische herr von Ferdinand II römisch deutschen Kaiser bis. Josef I. Kaiser von Oesterreich litho-

graphirt von Gerasch. *Wien, Neumann, s. d.*, couv. de livraison formant titre et 152 pl. de costumes coloriées, in-4, demi-rel., dos et coins maroq. citron, tête dor.

596. **GIBERNE (La)**, publication mensuelle illustrée en noir et en couleurs. Uniformes militaires français. De l'origine (1899 à 1912), 14 années en livraisons.

> Les numéros de septembre à décembre 1899, le 1er semestre de 1900 et les nos de mai à juillet 1911 manquent.
> L'exemplaire contient l'important n° spécial, hors série, relatif aux cachets militaires français.

597. **GLASSER (E.)**. Costumes militaires. Catalogue des principales suites de Costumes militaires français depuis le règne de Louis XV jusqu'à nos jours, et des suites de costumes militaires étrangers parues en France, par un membre de la *Sabretache* (E. Glasser). *Paris, Vivien*, 1900, gr. in-8, planches, br., couv. ill.

> Tiré à 15 exemplaires sur papier du Japon. Exemplaire non num. Envoi d'auteur.

598. **HEIDELOFF**. Militaire Polonois, grav. par Fleischmann. Nurnberg, Fr. Campe. 9 pièces coloriées. — Pirscher. Episode des guerres de Pologne en 1831. 5 pl. lithog. en larg. — 14 pièces

599. **HOFFMANN**. Les Hussards sous la Révolution 1791-1795. Reconstitution des Gouaches de Hoffmann brûlées à la Bibliothèque du Louvre en 1871. Avec une notice par Margerand. *Paris, Leroy*, 1907, in-4, 24 pl. coloriées en feuilles dans un carton.

> Ouvrage tiré à 200 exemplaires.
> Envoi de M. Margerand.

600. **HORSCHELT**. Etudes militaires faites au Caucase par Horschelt. *Saint-Pétersbourg, Expédition pour la confection des papiers d'Etat*, 1896, in-folio, planches, demi-rel. maroq. vert, tête dorée, non rogn., couv. cons. (*Franz*).

> Edition du Grand Duc Georges Michailovitch.

Belle publication comprenant 60 grandes planches, de Types et costumes militaires russes. Titres et tables en russe et en français.

601. JACQUEMIN (Raphaël). Iconographie générale et méthodique du Costume du ive au xixe siècle (315-1815). Collection gravée à l'eau-forte d'après des documents authentiques et inédits. *Paris, l'auteur, s. d.*, 2 vol. in-fol. dont 1 de 200 planches et 1 supplément de 80 planches, demi-rel., dos et coins de maroq. vert, tête dorée, non rogn., onglets (*Durvand-Thivet*).

   Bel exemplaire, avec les planches coloriées.

602. JANET-LANGE. Uniformes de l'Armée française en 1847. *Paris, Aubert*, 15 pl. in-fol., lithog. color.

603. JOB. Tenue des Troupes de France à toutes les époques. Armée de terre et de mer. *Paris, s. d.*, in-4, fig., cart. toile, tr. dorées. — Tenue des Troupes de France. Armées de terre et de mer à toutes les époques. Texte par des membres de *La Sabretache*. *Paris, Combet et Leroy*, 36 livraisons, in-4, nomb. planches de costumes coloriés.

604. KAISER. Konigl. Preussische garde. Artillerie, Dragoner, Garde du corps, Gensd'armes, Husaren, Ulanen. *Berlin, Sachse.* 6 pièces gr. in-fol., lithog. coloriées.

605. KIEL (L.). Armée russe en 1815. 15 pièces grav. et color.

606. KNOTEL (Richard). Uniformen kunde. Lose Blätter zur Geschichte der Entwickelung der militärischen Tracht in Deutschland. *Rathenow, Babenzien*, 1890 et *Paris, Wieweg*, 17 vol. gr. in-8, nomb. planches de costumes coloriés, les 9 premiers vol. demi-rel. chag. noir, les autres en livr.

   Les douze premiers volumes sont complets. Il manque au tome XIII, les livraisons 6 et 7; tome XV, livr. 5; tome XVII, livr. 3 à 12.

607. KNOTEL (Richard) und Röchling. Chronik des Ersten Garde-

Regiments zu fuss und dessen Stamm-Truppen 1675-1900, mit
12 farbigen von Rochling und R. Knötel. *Oldenbourg, Martin,*
1902, album gr. in-4 oblong, 12 planches en couleurs, emboîtage.

608. LALAISSE. Recueil de 215 dessins originaux à la mine de
plomb, la plupart aquarellés, exécutés en 1835, par Lalaisse,
représentant les uniformes de l'Armée française sous Louis-
Philippe, sur 32 ff. pet. in-folio, cart. demi-toile.

> Chaque dessin est accompagné de l'indication manuscrite de l'uni-
> forme représenté. Cachet de la collection Millot.

609. LALAISSE. Armée Française. 100 lithog. diverses dont 92 coloriées.

> Louis-Philippe, 29 pp., dont 10 ayant servi de modèles pour le
> coloris, sont en mauvais état. — République de 1848, 11 pp. —
> Second Empire, 51 pp. — 9 pp. diverses.

610. LALAISSE (H.). Costumes de tous les corps de l'Armée et de la
Marine françaises (sous Louis-Philippe Ier). *Paris, chez Martinet
Hautecœur,* 32 pl. lithog. coloriées. — Costumes militaires sous
Napoléon III, 13 pl. lithog. coloriées. — 3 p. diverses. — Ens.
48 p.

> Il manque à la première suite les nos 18, 20, 26 et 27, la pl. 5 est en
> double. La seconde suite est incomplète des pl. 2, 5 bis et 5 Inf. de
> Lig., 11 et 13. La pl. 3 est en double.
> Plusieurs planches sans marges.

611. LALAISSE (H.). L'Armée française et ses Cantinières. *Paris,
Orengo,* 15 pl. — Armée française : Garde nationale (1852).
Garde impériale, etc. 7 pièces diverses. — Ens. 22 pl. lithogr.
coloriées.

> 2 pl. sont sans marges.

612. LALAISSE (Hippolyte). Types militaires. Suite complète de
59 planches in-folio en haut., lithogr. coloriées, en feuilles.

> Collection complète de cette intéressante suite, représentant les
> uniformes de l'Empire de 1857 à 1870.
> La planche 8 est en double, avec variantes dans le coloris.

613. LAMÉSANGERE. Journal des Dames et des modes, an XII à
1815. 27 pl. grav. et color. plus. 3 pl. de l'édition allemande. —
Ens. 30 pièces.

614. LAMI (Eug.). Armée Française de 1814 à 1824. Manuscrit de
88 p. in-4, donnant la description des uniformes de l'Armée
française et leurs modifications. Ces p. sont couvertes de croquis
à la plume qui se mêlent au texte et portent l'indication manuscrite des couleurs, ils sont accompagnés de nombreux calques.
— Règlements de 1786 à 1806 relatifs à l'habillement des troupes françaises, copie manuscrite de 72 p. — Extraits de journaux
militaires, relatifs aux uniformes de l'Armée française de 1847 à
1851, de 1857 à 1858 et de 1861 à 1870. Copies man., 210 p., en
3 cahiers illustrées de croquis orig. à la plume. — Infanterie,
1867, 7 ff. de croquis à la plume et au crayon, et 10 planches.

615. LAMI (Eugène). Collection des armes de la Cavalerie française
en 1831. *Paris, Neuhaus,* suite complète de 10 pl. lithog. in-fol.
en larg.

> On y joindra 6 pièces diverses.

616. LECHEVALLIER-CHEVIGNARD. Costumes historiques des xvi⁰
xvii⁰ et xviii⁰ siècles gravés par A. Didier, Flameng, Laguillermie, avec un texte historique et descriptif par Georges Du-
plessis. *Paris,* 1867, 2 vol. in-4, pl. coloriées, demi-rel., dos et
coins maroq. brun, tête dor., non rogn. (*Durvand*).

617. LIENHART et HUMBERT. Les Uniformes de l'Armée française,
depuis 1690 jusqu'à nos jours. *Leipzig, Ruhl,* 5 vol. gr. in-8,
393 planches de costumes coloriés, les tomes I et II, demi-rel.
chag. bleu, les autres en livraisons.

618. MADOU. Nederlandsche Infanterie, lithog. color., in-fol. en larg.

619. MALIBRAN (H.). Guide à l'usage des artistes et des costumiers,
contenant la description des Uniformes de l'Armée française de
1780 à 1848. *Paris, Combet,* 1904-1907. 2 vol. dont 1 de plan-

ches. — Sauzey (Commandant). Iconographie du Costume militaire. Tomes II et III (Restauration, Louis-Philippe, Deuxième
République et Napoléon III). *Paris, Chapelot*, 1902-1903, 2 vol.
— Defontaine (Henri). Du Costume civil officiel et de l'uniforme
militaire des officiers à la cour. *Paris, Geoffroy*, 1908. — Ens.
5 vol. in-8 et in-12, fig., br.

620. MARBOT (de). Costumes militaires français. *Paris, Clément*,
100 planches color. s. marges.

Costumes des armées de Louis XV, Louis XVI et République.

621. MARGERAND (J.). Les Coiffures de l'Armée française. Revue
mensuelle illustrée. *Paris, Leroy*, 1909-1912, 30 livr. in-4, pl.
en couleur.

Collection depuis l'origine n° 1, avril 1909 au n° 35, février 1912.
Il manque les livraisons 14, 15, 21, 22 et 23.

622. MARTINET (Chez). Troupes françaises, 1807-1814. *Paris, Martinet*, in-8, 80 pl. coloriées et 13 en noir. — Ens. 93 pl.

Titre gravé et colorié intitulé *Galerie militaire*. Sur la plupart de ces
planches M. Detaille a pris des notes à l'encre ou au crayon ainsi que
de nombreux croquis de détails de costumes.

623. MENZEL (Adolph). Die Armee Friedrichs des Grossen in ihrer
Uniformierung, gezeichnet und erläutert von Ad. Menzel. Eine
Auswahl von 100 Tafeln in mehrfarbiger faksimile reproduction
herausgegeben von Professor F. Skarbina und Hauphmann C.
Jany. *Berlin, Martin Oldenbourg*, s. d., gr. in-fol., 100 pl. de
costume en livr.

624. MODE (La). Journal hebdomadaire illustré de planches de
modes grav. et coloriées, etc. Octobre 1831 à octobre 1832. —
4 vol. in-8, demi-rel. toile.

On y joindra 200 planches de modes extraites des différents journaux de 1833 à 1850.

625. MODE (Die). Menschen und Moden im achtzehnten Jahrhundert. Im neunzehnten Jahrhundert, 1790-1878. Nach Bildern und Stichen der zeit Ausgewahlt von Oskar Fischel Text von M von Boehn. *Munchen*, 1901-1908. — Ens. 4 vol. in-8, nomb. fig. de mode, cart.

626. MOLTZHEIM (A. de). L'Artillerie française. Costumes, uniformes, matériel depuis le moyen âge jusqu'à nos jours. Ouvrage orné de 64 planches en couleur reproduites d'après les originaux appartenant à S. M. l'Empereur. *Paris, Rothschild*, 1870, pet. in-folio, 64 pl. en couleur, demi-rel. chag. vert, tête dorée, tr. ébarb.

627. MOLTZHEIM. Artillerie étrangère, 20 p. et française, 2 p. — 22 p. lithog. coloriées.

628. MULLER (Karl) und Braun. Die organisation Bekleidung, Ausrüstung und Bervaffnung der Königlich Bayerischen Armee von 1806 bis 1906. *München, Oehrleins, s. d.*, 1 vol. in-4 de texte et 69 planches de costumes coloriés, en livraisons.

Les livraisons 1, 2, 8 et 11 du texte manquent.

629. NEVILL (Ralph). British military prints. *London, The Connoisseur*, 1909, in-4, planche en noir et en couleur. — The records and badges of every regiment and Corps in the British army, by M. Chichester, and G. Burgesshort. *London, Clowes*, 1895, fig. en noir et en couleur — Même ouvrage, édition augmentée. *London, Gale, and Polden, s. d.*, nomb. planches. — Ens. 3 vol. in-4 et in-8, fig., cart.

630. OBSERVATEUR des MODES (L'), petite revue morale et littéraire dédiée aux dames. De l'origine (1818) au 25 novembre 1833, 18 tomes en 9 vol. in-8, 283 planches de costumes coloriés, demi-rel. veau fauve, non rogn., quelques couv. cons. (*Rel. de (l'époque*).

Le second semestre de 1821 manque. Taches à une planche.

631. PERCY GROVES (Capitaine) « Ready aye Ready. » Annals of military heroes, ill. by Harry and Arthur Payne. *London, Raphaël, Tuck, s. d.*—« On Service » at home and abroad, ill. by H. and A. Paye. *London, Raphaël Tuck, s. d.* — Our Armies, illustrated and described by Richard Simkin. *London, Sampson Low, s. d.* — Seccombe's (Lieutenant-Colonel). Army and Navy birthday book, with illustrations printed by Ed. Evans. *London, Routledge, s. d.*— Ens. 4 albums in-4 et in-18, fig., cart.

632. PETTENKOFFER ET STRASSGSCHWANTNER. Armée autrichienne 1850. *Wien, Aloys Leykun,* 1854 gr. in-fol., 36 pl., demi-rel., dos et coins maroq. citron, tête dor., ébarbé.

> 36 très belles planches lithographiés et coloriées.

633. POTEN (Bernhard). Unser volk in Wassen das Deutsche heer in wort und bild, von Bernhard Poten. Illustriert von Ehr. in Speyer. *Berlin, und Stuttgart, Spemann, s. d.* (1888), pet. infolio, nomb. planches, veau rac., filets et dent., dos orné, tête dorée, non rog., étui.

634. RABE (Edmund) und Ludw Burger.. Die Brandenburg. Preussische armée in historischer darstellung. Ihre uniformuerung und Bewaffnung vom grossen Kurfürsten bis auf Kaiser Wilhelm. 200 kolorierte malerische einzelfiguren auf 20 querfolio-Tafeln. *Berlin, Meidinger, s. d.*, in-fol. oblong, en livr. dans un carton.

635. RAFFET. Collection des Costumes militaires de l'Armée et de la Marine françaises depuis août 1830, par Raffet. *Paris, Frérot,* 1833, in-4, front. en noir et 33 planches, lithog. coloriées, demi-rel., dos et coins de maroq. bleu, tête dorée, non rogn. (*Durvand-Thivet*).

> Suite contenant la 33e lithoraphie *Maréchal de France* épreuve avec la cassure. Mouillures à une pl.

636. RAFFET et Léon Cogniet. Illustrations de l'Armée française depuis 1789 jusqu'en 1832 d'après Léon Cogniet et Raffet, litho-

graphiées par Llanta et Ad. Midy. *Paris, Delarue, s. d.* (1837),
in-folio, 1 front. par Raffet et 18 lithog. dont 16 par Raffet et 2
par Léon Cogniet, demi-rel., dos et coins de mar. rouge à long
grain, dos orné, non rogn., couv. cons. (*Durvand-Thivet*).

> Bel exemplaire, épreuves tirées sur papier de Chine. Lég. tache à la
> marge intérieure d'une lithographie. Une planche de Léon Cogniet
> manque.

637. RANDEL. Die Konigl, Preussische Armée (Armée royale de
Prusse) lithog. par Meyerheim, Meyer, Fischer, Klaus. *Berlin,
Meyer et Hofmann,* 5 pièces in-fol. coloriées.

638. RÈGLEMENT sur l'uniforme des Généraux, officiers des Etats-
majors, officiers du corps du génie, inspecteurs aux revues,
commissaires des Guerres, etc. *Paris, Magimel,* 1803, 14 planches gr. — Journal militaire officiel. Description de l'uniforme
des chasseurs d'Orléans. Description de l'uniforme de l'infanterie de ligne. *Paris,* 1845, 2 numéros en 1 vol., planches. —
Ens. 2 vol. in-8, demi-rel. et cart.

639. ROCHLING (Carl.). Unser Heer, 50 original zeichnungen von
Carl. Rochling. *Breslau, Wiskott, s. d.*, in-fol. en feuilles dans
un carton.

640. SACHSE. Das Preussische heer herausgegeben und Sr Ma-
jestat dem Könige Friedrich Willhem III. Allerunter thänisgt gewidmet von L. Sachse. *Berlin,* 1836, titre, 35 planch. lithog.
coloriées.

> Nous possédons les n^{os} suivants 1, 3 à 5, 11 à 13, 16, 17, 20, 23 à 25,
> 30, 38, 39, 42, 44 à 47, 49, 51, 54, 57, 58, 62, 64 à 68, 70 à 72.
> On y joindra 6 pièces costumes militaires allemands de 1860. *Berlin,
> Druck et Sachse.*

641. SAUERVEID. Campagne-Uniformen der Kaiserlich Französi-
chen Truppen von 1812 und 1813. Recueil de 450 dessins originaux à la plume, la plupart aquerellés, représentant les
uniformes et pièces d'équipement militaires français du Premier

Empire, 51 ff. dont 5 de tables manuscrites, in-4, demi-rel. (*Rel. anc. fatiguée*).

642. SCHINDLER (C. Fr.). Prussens Heer. Seine laufbahn in historischer skizze entrollt von George Hiltl. Seine Heutige uniformirung und Bewaffnung gezeichnet von C. F. Schindler. *Berlin, Meidinger, s. d.,* in-fol., 50 pl. de costumes coloriées en livr.

Manque les pl. n°s 1, 9, 27, 30 et 39.

643. SCHINDLER (F.). Die Cavallerie Deutschland's. 24 colorirte abbildungen der verschiedenen Deutschen Cavallerie-Regimenter, ihre uniform und Ausrüstung. *Berlin, Schinder,* 1882, in-4, demi-rel. maroq. bleu, tête dorée, non rogn., couv. cons.

644. SEELE. Costumes des armées russe et allemande, grav. par Kauffmann. Ebner, etc. 73 pièces grav. et coloriées.

645. TEUBER (Oscar). Die Osterreichische armee von 1700 bis 1867. Illustrirt von Rudolf von Ottenfeld. Text von Oscar Teuber. *Wien, Emil Berté,* 1895, 25 livraisons in-folio, 112 planches en couleur, en livr.

646. TRENTSENSKY. Armée Autrichienne en grande tenue. Publiée par M. Trentsensky pr. lieut. *Wien, s. d.,* gr. in-fol. 47 p. de costumes, demi-rel., dos et coins maroq. citron, jans., tête dor. (*Durvand*).

47 très belles planches de costumes lithog. et coloriées.

647. TITEUX (Eugène). Histoire de la Maison militaire du Roi de 1814 à 1830, avec un résumé de son organisation et de ses campagnes sous l'ancienne monarchie. *Paris, Baudry,* 1890, 2 vol. pet. in-fol., 84 planches de costumes coloriés, demi-rel., dos et coins de maroq. rouge, tête dorée, non rogn. (*Durvand-Thivet*).

648. UNIFORMES. Abbildung der Uniformen aller in Hamburg seit den Jahren 1806 his 1815 ein quartirt gewesener Truppen.

S. l. n. d., 158 planches de costumes coloriés, en feuilles.

> Costumes des troupes qui ont séjourné à Hambourg de 1806 à 1815.
> La table donnant; en français et en allemand, l'indication des costumes représentés dans les 158 planches est manuscrite.

649. UNIFORMES. Armée allemande. 10 vol. ou albums in-8 et in-12, cart. ou br.

> L'Armée d'Allemagne par R. Knotel, 13 planches. — Die Uniformen der Deutschen Armée, 2 albums, 50 planches. — Die Uniformen der Deutschen Armée. *Leipzig*, 1878-1886, 3 albums, 64 pl. — Die graue Felduniform der Deutschen Armée. *Leipzig*, 2 plaq., 20 pl. — Die Uniformen der Deutschen Marine. *Leipzig*, 1878, 24 pl. — Die Deutsche Marine in ihrer gegenwärtigen uniformierung Siebente auflage, 23 pl.

650. UNIFORMES. Description de l'uniforme des divers corps de l'Armée française en 1846, publiée par le Ministère de la Guerre, in-4, 109 planches dont 8 en couleur et 101 en noir tirées sur papier de Chine, demi-rel. maroq. bleu, tête dorée, non rogn. (*Franz*). — Journal militaire officiel. Description de l'uniforme des Chasseurs d'Orléans, 1845, plaq. in-8. — Dieterlen (Lieut.). L'Uniforme des Chasseurs à pied, avec figures et 12 planches hors texte en couleurs. *Paris, Berger-Levrault*, 1902, in-8 en feuilles. — Ens. 2 vol. et 1 plaq. in-4 et in-8, demi-rel. et br.

> Il manque au premier ouvrage les 2 planches d'uniformes de l'Ecole royale de Cavalerie. Mouillures aux dernières planches.
> Le volume du lieutenant Dieterlen est imprimé sur papier Whatman. Envoi d'auteur.

651. VERNET (H.) et Eug. LAMI. Collection des uniformes des armées françaises de 1791 à 1824, dessinés par Horace Vernet et Eug. Lami. *Paris, Gide, Anselin*, 1822-1825, 2 vol. gr. in-8, 148 planches de costumes coloriés, demi-rel. mar. vert, non rogn.

> Premier tirage.
> La reliure n'est pas uniforme.
> Taches à une planche.

652. **VERNET et LAMI**. Collection des Uniformes des Armées françaises de 1791 à 1814. *Paris,* 1822, couv. d'une livr. et 14 pl. de premier tirage coloriées.

653. **VERNIER** (Ch.). Costumes de l'Armée Française depuis Louis XIV jusqu'à ce jour. *Paris, Aubert, s. d.,* 63 lithographies coloriées, par Ch. Vernier, en 2 albums in-4 oblong, demi-rel. (*Rel. de l'ép. fatiguée*).

GRAVURES

ADAM (Victor)

654. Retour des cendres de Napoléon I. 12 pièces dont 2 doubles.
Lemud. Le Retour en France, Arnould. 2 p. — Ens. 16 pièces

ARMÉE AUTRICHIENNE

655. Reg. Winning Grenadier off. Unterofficier. 2 p. Reg. Arnim
Officier et Unterofficier. 2 p. Reg. Gens d'Armes Off. Unterofficier. 2 p. — Ens. 6 pièces grav. et coloriées.

656. Armée des Souverains Alliés, année 1814. *Paris, Martinet,*
4 pièces dont 2 sans marges.

ARMÉE FRANÇAISE

657. La Revue royale ou réunion des uniformes français. — 2 pièces
à 4 sujets de chez Jean, Les Corvées Militaires et costumes. La
promenade d'Huningue. — Ens. 6 pièces color.

AUBRY

658. Manœuvres en 1832, 4 pièces in-fol. — Les Français en garnison.
Le Départ de la garnison. 2 p. Titre et front. de la Collection des
uniformes. 2. — Ens. 8 p.

BAUDOUIN

659. Costumes et exercices de l'Armée française, xviiie siècle. 10 p.
— La Rue. Arquebusiers de Grassin, et Bretons volontaires. 2 p.
— Gravelot. Pl. de l'ordonnance sur l'exercice de l'infanterie.
33 p. — Ens. 50 pièces.

BELLANGÉ (H.)

660. Campagnes du second empire. Lithographies. *Paris, Aug. Bry*,
in-fol. en larg. 8 p. — L'Orage, etc. — Ens. 12 p.

661. Bulletins de la Grande Armée, placards datés de l'an XIV (1805).
Elchingen, 23 et 27 vendémiaire. Lintz, 14 brumaire, Saint-
Polten, 22 brumaire Brünn, 19 et 20 frimaire, Schonbrünn,
23 frimaire. — Les Soldats du 7e de Ligne à leurs frères d'Armes,
appel signé de Ch. de La Bédoyère, colonel du régiment, à
l'occasion du retour de Napoléon de l'Ile d'Elbe. — Ens. 7 placards in-folio.

CHARLET

662. Lithographies. 25 pièces.

663. Congé absolu (en blanc), dess. par Vernet, grav. par Godefroy.—
Congé de Retraite avec la sign. autog. du Maréchal Bessière. —
Congé définitif. — Congé de Réforme. — Lettre de Service du
Général Lery pour commander en chef le génie dans les états
Vénitiens, 1806. — Etat de service de M. Bonnecourt, capitaine
au 5e Chasseurs à cheval. Lettres d'un conscrit, Grenadier
Flanqueurs à ses parents et photographies de pièces. — Ens.
10 pièces.

COURVOISIER

664. Vues de Paris, Montagnes de Belleville n° 7. Promenades
aériennes (Beaujon), n° 8. Chateau d'Eau, 28. Théâtres des
Variétés, 92. Ambigu comique, Boulevard du Temple, 93. Théâtre
de la porte St-Martin, 95. 6 pièces grav.

DEBRET

665. La Colonne de Rosback grav. par Cotteau et Allais. *Paris, Osterwald*, Impr. en couleurs et color.

DEBUCOURT

666. Alexandre Ier dess. et grav. par Debucourt. 1807 sans marges, petits fragments de la planche manque.

DEVERIA

667. Lithographies. Walter-Scott, 10 pp. — Théâtre anglais. 10 pp. — Ens. 20 pp. dont 5 sur papier de Chine.
>2 pièces sans marges.

DEVERIA

668. Lithographies diverses, 49 pp.
>Costumes historiques, 4 p. coloriées, Le berceau du Comte de Paris, etc.

DEVERIA

669. Lithographies. Portraits. 23 pièces dont 8 sur papier de Chine.

DORÉ

670. La Jeune morte. Tantale. La promenade au bord de l'eau et 3 pl. d'Album l'Ogre. — Ens. 8 lithog., épreuves avant toutes lettres.

DORÉ

671. Séville (Une espagnole) — L'Epouventail. — L'Inondation. — La guerre. — Le Bal masqué. 5 pièces in-fol., lithog.
>Belles épreuves avant toutes lettres.

DORÉ (Gustave)

672. La Rue de la vieille lanterne (Mort de Gérard de Nerval), lithog. in-fol.
>Très belle épreuve sur papier de Chine.

DORÉ (G.)

673 . Le Néophyte, in-4 (l. 29 cent. h. 25), eau-forte.

> C'est l'idée première de cette planche que Doré recommença plusieurs fois.
>
> Épreuve sur papier de Chine avant la lettre dont il n'existe que quelques épreuves d'essai (Béraldi 29).

DORÉ

674 . Marchande de fleurs à Londres. Le Chevalier Jaufre. 2 p. in-4, eaux-fortes.

> Ces deux belles eaux-fortes ont été tirées à 20 exemplaires dont 10 sur papier du Japon. Épreuves n° 3 sur japon.

GRÉVEDON

675 . Les mois. 12 lithog. in-fol., avec encadrement par Sorrieu. *Paris, Bulla.*

GRIMALDI (Stanislas)

676 . Guerre dell' independenza Italiana. 1848, lithog. par Bayot. 4 pièces in-fol. en larg.

> Déchirure à une pièce.

GUERRERA

677 . La Artilleria volante. Presentada al Exc. Sr Principe de la Paz. 6 pièces in-fol., en larg.

HABERMANN (Franz)

678 . Ersturmung des Kirchhoses von Aspern durch das Regiment Benjowsky mit einen Bataillon von Jordis an 22 may 1809. *Wien, Artaria,* in-fol., en larg. grav. et coloriée.

KLEIN (A.)

679 . Sechs militarische gegenstander nach der natur gez. von Joh. A. Klein in Wien. 1814, 25 pièces.

KOBELL (W.)

680. Scènes militaires russes grav. par Geissler et Bartsch. 1800-1805,
4 pièces.

MERYON (Charles)

681. Le Petit pont. 5e état. Epreuve de luxe sur chine monté (Delteil 24).

> Cette épreuve et celle qui suivent sont superbes, elles ont été tirées
> sur papier de Chine et montées sur papier vergé (de 0,49 et demi sur
> 0,32 et demi) portant dans la pâte la marque *Hudelist*. Sauf l'Abside
> qui a été tiré directement sur le même pap. vergé.

682. L'Arche du Pont Notre-Dame. 3e état sur chine monté avec le
nom, l'adresse de Meryon et la date (D. 25).

683. La Tour de l'Horloge. 6e état, épreuve de luxe, sur chine monté
(D. 28).

684. La Pompe Notre-Dame. 7e état. Epreuve de luxe sur chine
monté (D. 31).

685. Le Pont neuf. 8e état, sur chine monté.

686. L'Abside de Notre-Dame. 5e état, sur pap. vergé.

NAPOLÉON

687. Percier et Fontaine, Vernet, Grenier, Champion, Steuben, etc.
14 pièces sur Napoléon.

NEWHOUSE (C.-B.)

688. Military incidents. 6 pl. in-fol., en larg., grav. par Reeve et
color.

PARIS

689. Wattier. Souvenirs de Paris en 1831, color. — Champs de
Mars, vue d'optique. — Arnout. Vue de Paris du haut de l'arc de

l'Etoile, color. — Place Louis XV. *Chez Genty*, etc., 12 pièces

690. **PORTRAITS**. Généraux français, principalement du Premier Empire. 112 pièces.

691. **PORTRAITS**. Généraux du premier Empire. 25 pièces.

> Monnier, gr. par Bourgeois, d'après Le Barbier, court. — Kléber gr. par Fiesinger d'après Guérin. — Lecourbe, gr. par Roger d'après Guérin. — Desaix, gr. par Fiesinger, d'après Guérin. — Lariboisière par Gros, gr. par Henriquel Dupont, épr. avant la lettre sur papier de Chine, etc.

692. **PORTRAITS**. Généraux français. Premier et Second Empire. 75 pièces.

693. **PORTRAITS**. Gouvion-Saint-Cyr, par Aubry, gr. par Charon, en partie imp. en coul., court. de marg., mouillures et plis. — J.-B. Kléber, par Du Tertre, gr. par Monsaldi, rousseurs. — Desaix (Ch.-Ant.) dess. et gr. par Du Tertre. — Alexandre, prince de Neufchatel, par Pajou, gr. par Habert Lefèvre (plis et déchirure). — Le Général Lasalle, peint par Gros, gr. par Jazet, sans marges, déchirures, etc.

694. **PORTRAITS**. Hommes d'Etat, Ecrivains, etc. 23 pièces.

695. **PORTRAITS**. Napoléon et sa famille. 10 pièces.

> Napoléon, 5 p. — Eugène Napoléon d'après Chinard, dess. par Grégorius, gr. par Ruotte, imp. en couleur, court de marges, mouillures, etc.

696. **PORTRAITS**. Napoléon III et l'Impératrice Eugénie. 9 p.

> L'Empereur et l'Impératrice, lithog. de Lafosse, coloriées, in-fol de forme ovale sans marges. — Napoléon III, lithog. de Lafosse, en haut., en noir. — Même portrait, lithog. de Bargue, etc.

697. **PORTRAITS** des *Tableaux de la Révolution Française*, dess. et gr. par Le Vachez, avec vign. par Duplessi-Bertaux. 10 p.

698. PORTRAITS. Rois de France et famille d'Orléans. 8 p.

> Louis XV, par Petit, d'après Vanloo sans marges. — Louis XVIII, par Gérard, gravé par Girard sans marges. — Charles X, lithog. de Aubry, sans marg. — Duc d'Aumale, lithog. par Léon Noel, d'après Winterhalter, sans marg., etc., 3 p. avec plis et cassures, 1 pièce doublée.

699. PORTRAITS. Souverains et généraux étrangers, Premier Empire, 10 p.

> Charles-Louis d'Autriche, gr. par Tassaert. — Alexandre Ier, gr. par Talbaux, imp. en couleur. — Wellington, par Gérard, gr. par Forster, etc.

RAFFET

700. De quoi?... Travailler! — Ayez pitié d'un vieux soldat. — La Frontière Belge, 1832. — Titre de la Prise de Constantine et différentes pl. de costumes. — Ens. 10 pièces.

RAFFET

701. Vive l'empereur !!! Lutzen, 1813. — Le Représentant a dit. — Les Aigles. *Paris, Gihaut,* 4 p. color. — Ens. 6 pièces.

RAFFET

702. Le Colonel du 17e léger, 13 septembre 1841. Epr. gr. chinc. — S. A. R. le duc d'Aumale. 1843, 2 pièces (G. 7 et 8).

SAINFAL

703. Revue des Troupes Alliées (Place de la Concorde), grav. par Charon.

SAUERVEID

704. Bivouac, cosaques aux Champs-Elysées.— Courses de Traîneaux à Krasnoi, — Vedettes cosaques. — Les Cosaques en bonne fortune. — Les Cosaques en Champagne. 12 pièces.

SERGENT MARCEAU

705. Marceau, né à Chartres, soldat à XVI ans, général a XXIII, mort a XXVII. Impr. en coul.

> Epreuve assez belle mais remargée, doublée et une partie de 4 centimètres à gauche et en haut de la planche a été reconstituée.

SMITH (Benjamin)

706. His Most Gracious Majesty King George the Third. Painted by Sr W. Beechey. *London, Baydel*, 1804. Impr. en couleur.

STUBENRAUCH ET SCHINDLER

707. Armée Autrichienne, 12 planches in-fol. en larg. grav. par Klein, Erhard Beyer, Mansfeld, grav. et color.

708. Tableau comparatif des principaux corps militaires Européens. *Paris, Genty*. — Est-ce ça, Officiers et soldats Russes. — Rencontre d'Officiers anglais. 3 pièces grav. et color.

VERNET (H.)

709. Lanciers Polonais en cantonnement, gravé par Debucourt. *Paris, Bance*, in-fol. en larg., imprimée en couleur avec retouches au pinceau.

> Superbe épreuve.

VERNET

710. 12 pièces diverses grav. et lithog. Napoléon le Grand. Cheval arabe. Hussard combattant un Russe, lithog. de Lasteyrie. Bivouac cosaque. Chevaux russes, etc.

VERNET

711. Artilleur et Chasseur anglais. Tambours russe et anglais. Cosaque régulier de la garde. Le Cosaque galant. Cheval russe

conduit par un Cosaque. 5 pièces grav. par Debucourt dont
4 color.

VIGNETTES

712. **Moreau,** fig. pour Rousseau, in-4, 3 p. Le Barbier, Chansons de
Laborde, 1 p. Chodowiecki, 13 p. — Ens. 17 p.

TABLE DES MATIÈRES

IMPRIMERIE CENTRALE DE L'OUEST
56-60, rue de Saumur
LA ROCHE-SUR-YON
(VENDÉE)

Maquet, 10, rue de la Paix, Paris.